AF434338

UN DIAMANTE EN EL ESPACIO

Comentario al
*Tantra de las cinco deidades
de Heruka Chakrasamvara*

Gueshe Tamding Gyatso

Traducido por Isidro Gordi

Ediciones Amara

Ediciones Amara. Ciutadella de Menorca

Publicado por vez primera en 2022
por Ediciones Amara

© Copyright de Isidro Gordi y Ediciones Amara
© Traducción: Isidro Gordi
© Diseño del libro: Clara Gispert
© Foto portada e interiores: Andy Weber

Impreso en España / Printed in Spain
Todos los derechos reservados. Prohibida su reproducción total o parcial sin permiso del editor o propietario del Copyright. Cualquier forma de reproducción, distribución, comunicación pública o transformación de esta obra solo puede ser realizada con la autorización de sus titulares, salvo excepción prevista por la ley. Diríjase a CEDRO (Centro Español de Derechos Reprográficos, www.cedro.org) si necesita fotocopiar o escanear algún fragmento de esta obra.

ISBN de la obra: 978–84–95094–81–0
Depósito Legal: ME–18/2022

Contenido

Prefacio del traductor

Tanto a mí como a mi esposa Marta Moll, nos complace especialmente ver publicado *Un Diamante en el espacio/Tantra de las cinco deidades de Heruka Chakrasamvara*. El motivo es que se trata del último de los libros de nuestro querido Gueshela, nuestro maestro del corazón, el Venerable Gueshe Tamding Gyatso, con quien compartimos un maravilloso periodo de nuestras vidas. Con este último trabajo se concluye una obra que nos ha ocupado varias décadas.

En septiembre del 1987, el autor de estas enseñanzas que estás a punto de leer, llegó a Menorca desde la India a residir durante doce entrañables y fructíferos años. Aunque en aquellos momentos nuestro Centro budista, el Instituto Dharma, era muy humilde y contábamos con pocos estudiantes, debido a la insistencia y tozudez propias de la juventud, vimos cumplido nuestro sueño de tener un maestro residente. De inmediato nos dimos cuenta de nuestra locura, pues teníamos entre nosotros a uno de los eruditos más cualificados de Ganden Shartse, bajo el aspecto de un imponente Lama tibetano, de risa fácil y contagiosa, cuya humildad y cercanía nos enamoraron.

En la primera reunión que tuvimos para hablarle de nuestro proyecto y del programa de estudios que esperábamos liderara, nos dirigimos a él explicándole que contábamos con pocos recursos, pero nos comprometíamos a que todas las enseñanzas que salieran de su boca durante su estancia, las recopilaríamos y publicaríamos en nuestra editorial, Ediciones Amara, que por aquel entonces ya había sacado cinco o seis títulos de otros autores. Se sintió muy complacido. Aún recordamos con emoción su genuina alegría, cada vez que, a lo largo de los años, le íbamos entregando los nuevos ejemplares a medida que salían a la luz.

Lo que Gueshela nos enseñó fue el sendero completo a la Iluminación, de un modo esencial y adaptado para los absolutos principiantes en el sendero que éramos.

Revisando su obra publicada en Ediciones Amara encontramos toda esta serie de perlas: *Senda de Luz*, el primer lam rim publicado en España; *Enseñanzas de mi Lama*, fue un comentario a los *tres aspectos del sendero*, de Lama Tsongkhapa. El comentario al famoso texto de adiestramiento de la mente o *lo yong, Rayos de Sol*, publicado con el nombre de *Cambia tu corazón, transforma tu vida*, y su complemento *Más allá del egoísmo*, un comentario del famoso texto la *Rueda de las armas afiladas*, de Dharmarakshita. *Tu naturaleza interior*, fue un comentario a una recopilación de enseñanzas sobre la mente y sus funciones o *lo rig*. Siguió el que sería el primer libro esencial de lógica básica budista que apareció en España, compendio de un texto de Gen Lamrimpa, que publicamos bajo el título *Karma y renacimiento*, contiene explicaciones basadas en una serie de razonamientos acerca de la continuidad de la consciencia y la ley de causa y efecto. *Muerte y reencarnación* presenta el proceso de la muerte, el bardo, el renacimiento, así como un comentario a los *Ocho versos de adiestramiento de la mente*, de Langri Tangpa, insertado dentro del comentario a la sadhana de Chenrezig. *Joyas del budismo* presenta la primera enseñanza que nos impartió en Menorca, las *Treinta y siete prácticas del bodhisatva*, de Togme Zangpo, un comentario extenso a los doce vínculos de relación dependiente, la Rueda de la vida, un comentario al *Rosario de Joyas* de Atisha, y una explicación de la sadhana de Ganden Lagyema que tiene a Lama Tsongkhapa como figura principal. En uno de los últimos libros, *Prácticas preliminares de la meditación*, comentó, palabra a palabra, la sadhana que se utiliza en todos los monasterios de la tradición guelupa, un *Collar para los afortunados* o *Jorcho*, para acumular mérito y purificar energía negativa.

Una mención aparte se la debo dedicar a las monumentales enseñanzas que dieron lugar a *Un tesoro para tu meditación/*

comentario a la Guía a la forma de vida del bodhisatva, o *Bodhisatvacaryavatara,* una instrucción que estuvo impartiendo durante más de cuatro años, a petición de Su Santidad el Dalai Lama, quien le solicitó durante una entrevista durante su visita a Pamplona en 1991, que mientras estuviera en España, vertiera todo su saber entre quienes tuviéramos la fortuna de escucharle. Se trata de un excepcional comentario a los casi mil versos de los que consta este clásico de Shantideva (687–763).

En el apartado del tantrismo tenemos, asimismo, verdaderas maravillas. Aunque, ciertamente, ninguno de sus estudiantes estábamos aún maduros para adoptar aquellas prácticas, su increíble bondad y amabilidad le impulsaron a satisfacer nuestros deseos sinceros, aunque precipitados, de conocer la enseñanza secreta del tantra, y así nos compartió su erudición acerca de la deidad VajraYoguini. Complementó la exposición con enseñanzas menores y algunas que no quiso que salieran a la luz por su secretismo; de este modo publicamos *La Dama del espacio/comentario al Tantra de Vajra Yoguini*. Para mantener los compromisos y votos que implica recibir una iniciación de tantra superior, impartió enseñanzas sobre el *Yoga de las Seis sesiones* bajo el título de *Yoga del Gurú/comentario a las Seis sesiones.* En realidad, muchos de sus estudiantes en aquella época terminaron uno o más retiros de aproximación de cien mil mantras (tib: *le run*). Tras un buen número de años dedicados a la práctica de VajraYoguini, nos regaló una práctica única, perteneciente al tantra superior y exclusiva de la tradición guelupa: Chitamani Tara (no confundir con la sadhana del mismo nombre que forma parte del nivel inicial del kriya tantra) Estas enseñanzas aparecieron con el nombre de *El tantra de La Diosa/Comentario al tantra de Tara.*

Gracias a sus precisas pautas y al extenso comentario que dio, algunos de sus estudiantes completamos los retiros de aproximación pertinentes a tan exquisita práctica.

El libro que tienes en tus manos, *Un Diamante en el espacio,* forma parte de otro extenso comentario que nos transmitió, en esta ocasión sobre el *Tantra de las cinco deidades de Heruka.* Gueshela nos concedió el permiso expreso de publicar estas enseñanzas tan secretas pertenecientes a estos tres profundos tantras, advirtiendo que no se deberían practicar o leer a no ser que uno hubiera recibido las Iniciaciones pertinentes. Así lo constatamos en cada libro para satisfacer sus deseos.

Desde 1987 hasta 1999, tal como le prometimos, hemos ido recopilando todas sus enseñanzas hasta hoy, un día de octubre de 2021, las hemos estado revisando y editando del mejor modo para que sirvan de ayuda tanto al estudioso como al neófito.

De este modo, compensamos tan solo mínimamente su increíble amabilidad por venir desde la India a una tierra tan lejana como es la isla de Menorca, para encontrarse con un puñado de estudiantes que, con toda seguridad, habrán recibido tantos beneficios como por descontado, hemos recibido nosotros dos.

Isidro Gordi y Marta Moll
Octubre del 2021
Son Gall. Ciutadella de Menorca

Mandala de Heruka Chakrasamvara

Introducción

No es habitual recibir instrucciones sobre la práctica del tantra porque éstas solo deberían impartirse a estudiantes que tengan una intensa devoción al lama, un fuerte interés en ellas, así como un conocimiento profundo del sendero del sutra. No en balde los gueshes kadampa de antaño solían decir:

> Al principio es indispensable adiestrar la mente en el
> sendero del sutra,
> sólo después se debe entrar en el sendero del tantra.
> Empezar por el tantra sería como poner un bebé sobre
> un caballo salvaje.

Y en el *Tantra Vajra Mala*:

> Al igual que la leche de un león de las nieves
> no se puede depositar en un recipiente de arcilla,
> del mismo modo, el tantra del Gran Yoga
> no se debería entregar a recipientes impuros.

La Gota del Mahamudra también dice:

> Sin la iniciación, no hay logros,
> del mismo modo que no puedes extraer mantequilla
> de prensar la arena.

> Quienquiera que, en base al orgullo de conocer el
> tantra, enseña sin iniciación,
> tan pronto como el maestro y el discípulo mueren,
> aunque puedan tener realizaciones espirituales,
> caerán en el infierno.

Quien desee practicar el contenido de este libro, el precioso *Tantra de las cinco deidades de Heruka Chakrasamvara,* debería tener cuatro cualidades:

1) Experiencia de los tres aspectos principales del camino –renuncia, bodhichita y sunyata– o, en su defecto, un fuerte conocimiento intelectual de ellos.
2) Haber recibido la iniciación de las Cinco deidades de Heruka.
3) Mantener los compromisos.
4) Haber recibido el comentario de un lama cualificado.

Hay cuatro niveles de práctica tántrica y Heruka Chakrasamvara pertenece al mahanutara yoga tantra o tantra supremo. El tantra supremo a diferencia de los otros tres tipos de tantras está ideado para despertar la experiencia del gran gozo a través de la unión de los dos secretos –dordje y campana– y usarlo para enfocarse en la vacuidad. Es considerado superior puesto que este gozo tan intenso no ocurre en los tantras inferiores –kriya, representación y yoga tantra–.

El tantra supremo tiene dos vertientes: el *Tantra del Padre* y el *Tantra de la Madre.* Cuando un tantra enseña explícitamente el método para lograr el cuerpo ilusorio pertenece al Padre, y si enseña acerca de la sabiduría de la luz clara pertenece a la Madre. Heruka Chakrasamvara es considerado un tantra madre.

Se dice que existen ciento sesenta millones de tantras madre, pero de todos ellos, el que aporta mayores bendiciones y de un modo más veloz al practicante en esta época degenerada es el *Tantra de Heruka Chakrasamvara.* Es así porque la manifestación tántrica de Buda Shakyamuni, Buda Vajradhara, desplegó en una ocasión el mandala de Heruka Chakrasamvara encima del Monte Meru y enseñó este tantra raíz. Existen tres tantras raíz:

1) El extenso, con trescientos mil versos.
2) El mediano, con cien mil versos.
3) El breve, con cincuenta y un capítulos.

El texto, *Manifestación de Heruka* señala que la esencia del *Tantra de Heruka* fue condensado a partir de los dos primeros. Es decir, los dos primeros tantras se condensaron en el tantra raíz abreviado de Heruka Chakrasamvara. Así tenemos:

1) *El Tantra Raíz de Heruka* (los tres mencionados arriba)
2) *Los Tantras Explicatorios de Heruka*
3) *El Tantra que se asemeja a los dos anteriores*[1].

El Tantra Raíz de Heruka como se ha dicho se divide, a su vez, en tres: El Tantra Extenso, el Mediano y el Corto.

Los Tantras Explicatorios se dividen en cinco:

1) *Vajradaka*
2) *Todas las conductas de las dakinis*
3) *La Fuente de los votos de Heruka* y la *Manifestación de Vajravarahi*, que se cuentan como uno
4) *La Expresión directa del gurú*, que constituirían los cuatro Tantras explicatorios de Heruka
5) *Vajradakini, Naljorma Kunchoe* y *El Tantra Común de Sambuta* que es común tanto a Heruka como a Hevajra.

Buda Vajradhara impartió además dos enseñanzas tántricas cortas sobre Heruka, una que consta de cuarenta y siete capítulos y otra de cuarenta y nueve. De los tres Tantras Raíz, sólo el breve, de cincuenta y un capítulos, fue traducido al tibetano y aún puede encontrarse hoy en día.

———————

1 Gueshe Tamding mencionó en tibetano que *El Tantra que se asemeja a los dos anteriores consta de tres: Nonjung, Naljorma shel* y *Kando Gyatso*

Los diferentes tantras de Heruka Chakrasamvara fueron interpretados por diferentes yoguis de antaño en la India y las tradiciones que más han destacado son:

1) El sistema de Ghandapa
2) El sistema de Luhipa
3) el sistema de Krishnapada.

El sistema de Ghandapa es el más profundo de ellos porque contiene todos los puntos de la práctica del Mandala del Cuerpo de Heruka Chakrasamvara.

El *Tantra de Heruka Chakrasamvara* posee tres cualidades únicas que le distinguen como superior a otros tantras:

1) Cuando Buda Vajradhara enseñaba otros tantras, después de exponerlos disolvía el mandala. Pero aquí, cuando se manifestó como Heruka Chakrasamvara y subyugó a Bhairawa negro y a su consorte Kalarati en el Monte Meru, no disolvió su mandala por lo que está aún orientado hacia el continente sur donde se encuentra nuestro mundo.
2) Los dakas y las dakinis de los veinticuatro lugares están siempre cerca del practicante para otorgarnos sus bendiciones.
3) En épocas degeneradas como la actual, aparecen muchos obstáculos, pero se dice que es cuando las bendiciones de Heruka son más poderosas: a más engaños más bendiciones.

El sistema de Ghandapa puede ser de dos tipos: El mandala externo de las Cinco Deidades de Heruka, y el Mandala del Cuerpo de sesenta y dos deidades. El primero de ellos es el que se explicará en este libro. Para recibir la iniciación del Mandala del Cuerpo de Ghandapa se ha de haber recibido previamente la iniciación de Las Cinco Deidades de Heruka del mandala externo.

Según el sistema de Ghandapa es posible recibir la iniciación del mandala del cuerpo, pero en el *Tantra de Guhyasamaya*, aunque tiene la práctica del mandala del cuerpo, no existe una iniciación conectada con ella.

En este comentario omitiré la explicación de la autenticidad de las enseñanzas del linaje de Ghandapa, la manera en que los diferentes yoguis obtuvieron realizaciones mediante esta práctica, y la historia de Ghandapa, porque todo ello ya está brevemente reseñado en mi comentario al *Tantra de Vajra Yoguini, La Dama del Espacio*[2].

El Tantra de Heruka Chakrasamvara tiene su origen en el mahasidha Ghandapa, que lo transmitió a Dzalandaripa, el cuál lo pasó a Nagpopa, que lo pasó a Guhyapa, al gran mahasidha Namgyel Shab quién lo transmitió a Tilopa y de él a Naropa que lo pasó a los hermanos Pantingpa. A partir de entonces, hace unos mil años, entró en el Tíbet de la mano de los hermanos Pantingpa que lo pasaron a Lokya Sherab, y de modo ininterrumpido a Mal Lotsawa, a Sachen Kunga Nyingpo, a Drogon Chogyal Phakpa, a Shangton Konchok Pel, a Nasa Drakpugpa, a Palden Lama Dampa Sonam Gyaltsen que lo pasó a Lama Tsongkhapa. Este último lo pasó a Kedrub Gelek Palsang y a su hermano menor Baso Chogyen quién lo paso a Dharmavajra, (Tib: Chokyi Dordge). Después, a los conocidos como padre e hijo de Ensa, –el padre Losang Dondrup y el hijo, Sangye Yeshe– de él a Panchen Losang Choky Gyaltsen, a Dordge Zinpa Konchok Gyaltsen. Después pasó a la reencarnación de Kyi Sho Tenzin Trinley, a Khenpo Losang Khetsun, a Je Nwagang Jampa, después al padre Yogzin y a su hijo, el padre era el pandit Yeshe Gyaltsen y el hijo, Gu Gewa Losang Tenzin. Después a Jetsun Dharmabadra Palsangpo, gurú de Ngulchu Dharmabhadra (1772–1851) y

---

2 Publicado por Ediciones Amara, que también ha publicado el *Tantra del Gozo,* comentario de Pabongka Rimpoché

así hasta la época de Pabongka Rimpoché, Trijang Rimpoché y Song Rimpoché. De estos dos últimos grandes Lamas lo recibí yo, el monje de Ganden, Gueshe Tamding Gyatso.

Base de la meditación

"La base" se refiere a la persona que desea practicar el sendero de Heruka. Es imprescindible que esté adiestrada en el camino del sutra o, como mínimo, tener una fuerte comprensión intelectual de renuncia, bodhichita y sunyata; haber recibido la iniciación de Heruka Cinco Deidades y conocer y practicar los votos del bodhisatva y los tántricos. El texto dice que los deberías proteger como proteges tu vida y que, sin mantenerlos no es adecuado llamarse practicante tántrico. La *Luna Liberadora* señala:

> Si evitas las caídas, aunque no medites
> Te liberarás en dieciséis vidas.

La base indispensable para una buena práctica es una intensa devoción al gurú y mantener los votos, recibir instrucciones del estado de generación y de consumación por medio de escuchar, contemplar y meditar. Es imposible practicar tantra alguno sin escuchar los comentarios pertinentes.

Lugar en el que meditar

El lugar ideal para practicar este yoga es en las montañas, cerca del mar o de un gran río. Sin embargo, lo más importante es que sea un lugar en el que no haya ruidos, interferencias y que haya sido bendecido por grandes yoguis del pasado. Si no es posible encontrar un lugar como el descrito, puede hacerse en nuestro hogar. El asiento de meditación ha de estar ligeramente alzado en la parte trasera.

En el altar, delante de estatuas y representaciones del Dharma, coloca ofrecimientos delante de ti. Delante de ti coloca las sustancias tántricas –un vajra, una campana, un damaru, un rosario, etc.– porque todas ellas atraen a dakas y dakinis[3]. Introduce una píldora de néctar en el kapala del ofrecimiento interno y bendices la sala de meditación esparciendo un poco de néctar.

Es importante saber cómo hacer ofrecimientos generales y tormas. Se colocan dos hileras de ofrecimientos tántricos, una que empiece desde tu izquierda y la otra desde la izquierda de la deidad Heruka delante de ti en el altar.

En general se colocan tres tormas. Aquí no hay torma preliminar. La torma central es para Padre y Madre, es decir Heruka y Vajra Yoguini y las cuatro dakinis; la de la izquierda para los invitados mundanos y la de la derecha, no incluida en este comentario, sería similar a la torma preliminar.

Este libro, *Un Diamante en el espacio* es un comentario a una sadhana corta que transmití a unos pocos estudiantes en Menorca a principios de los años noventa, se denomina *La Lámpara que Enciende el Gran Gozo*, y fue compuesta por Yolchen Drupe Dordge[4]. No obstante, añadí algunos detalles provenientes de la sadhana extensa de las Cinco Deidades de Heruka. El lector debe tener en cuenta que el nombre de los gurús que aparecen en la sadhana, en ocasiones parecen ser distintos. La razón es que se pueden denominar en tibetano o en sánscrito, aunque se refieran a la misma persona. En esta sadhana he incluido el ritual de la torma para las deidades y para los dioses mundanos.

---

3 Dakinis son budas tántricos femeninos y aquellas mujeres que han obtenido la experiencia de la luz clara del significado. Daka es el equivalente masculino. En castellano se denominan también héroe y heroína.

4 El traductor, Isidro Gordi, se ha apoyado en la traducción de esta sadhana tal y como aparece en el libro *Source of Supreme Bliss* del gran traductor David Gonsalez

La sesión de meditación

La práctica durante la sesión
    Las prácticas preliminares
    La sesión
    La conclusión

Las prácticas preliminares

Por la mañana, imagina que las cuatro dakinis –Dakini, Lama, Rupini y Kandarohi– te despiertan con cantos melodiosos y te levantas bajo el aspecto de Heruka para llevar a cabo el yoga de lavarse: imagina que las deidades de la iniciación vierten agua bendecida que limpia toda tu energía negativa.

Te sientas en el cojín de meditación dando la cara hacia el sur o lo puedes imaginar. Imagina que estás sentado sobre una piel humana. Siéntate en la postura de Buda Vairochana, lo cual purifica el agregado del cuerpo; pruebas unas gotas del ofrecimiento interno para purificar la palabra.

Antes de empezar a recitar la sadhana llevas a cabo la respiración en nueve rondas que has de aprender de tu lama. Después, despierta una motivación basada en la renuncia, la compasión y la bodhichita, así como en la visión de que todos los fenómenos carecen de existencia o identidad esencial, inherente. Ten los pensamientos siguientes:

> Aunque no reconozco que todos los seres han sido mi madre, todos sufren y para ayudarles debo obtener la Iluminación. Sin embargo, ahora no estoy libre del samsara ya que padezco sus mismos sufrimientos y, puesto que sólo un buda puede llevarlos al Estado Supremo voy a practicar el profundo yoga del estado de generación y consumación de las Cinco Deidades de Heruka.

La sadhana *La Lámpara que enciende el gran gozo* empieza con estas palabras:

Namo gurú shri Chakrasamvara Vajra Yoguini bhya
La sadhana breve esencial de Heruka con Cinco Deidades se denomina *La Lámpara que enciende el gran gozo*.

Me postro ante el Glorioso Heruka que abraza a su Madre, como nubes de carmesí que circundan la gran montaña de lapislázuli. Y como medio para tener la experiencia presento esta *lámpara que enciende el gran gozo* con el deseo de practicar la sadhana extremadamente breve del Vencedor Heruka Chakrasamvara con Cinco Deidades.

Reúne los instrumentos tántricos y recita:

Oración de súplica a los gurús raíz y del linaje
Suplico al Glorioso Heruka a la Yoguini, a Ghandapa, a Rubelshab, a Dzalandarapa, a Nagpopa, a Guhyapa, a Namgyel, a Tilopa, a Naropa y a los hermanos Pantingpa.

Suplico a Sherab Tseg, a Makyo Lotsawa, a Sachen Kunga Nyingpo, a Jetsun y a su hermano, a Sakya Pandita, a Chogyal Phagpa, a Shangton, a Drakpupa, y al sagrado Lama Sonam Gyeltsen, al supremo Lobsang Drakpa, a Kedrub Rimpoché y hermano.

Suplico a Dharmavajra, Gyalwa Ensapa e hijos espirituales, a Lobsang Chogyan, a Konchok Gyaltsen, a Tenzin Thinley, a Kheitsun Jamyon, a Yongdzin Pandit y a Lobsang Tenzin.

Suplico al omnisciente Dharmabhadra con atuendos azafrán de monje y al que todo lo ve, Majugosha, a los pies del amable gurú, Namkha Tenkyong Tenzin Tsondru.

**A Pabongka, Vajradhara mismo,
y al tutor, "el incomparable hijo supremo",
Losang Yeshe Tenzin Gyatso; y a mi gurú raíz
Os suplico, por favor bendecid mi continuo mental.**

Bendecidme por favor para manifestar los cuatro cuerpos por medio del adiestramiento en las prácticas de las cinco etapas del estado de consumación, el de generación burdo y sutil, interno y externo, y manteniendo los compromisos, la iniciación y el adiestramiento en los senderos comunes.

El comentario de esta parte de la sadhana es el siguiente:

Para obtener la Iluminación es imprescindible recibir bendiciones del gurú, por ello, en primer lugar, haces súplicas a los lamas raíz y del linaje; los imaginas delante de ti, a la distancia de una postración hecha con todo el cuerpo, y a la altura del entrecejo. Están dispuestos de forma escalonada, Heruka en la parte más elevada, debajo suyo Vajra Yoguini, Ghandapa y los demás yoguis, hasta tu lama o maestro raíz.

Recita la oración tal y como viene en la sadhana y, al mencionar el nombre de cada lama, éste se siente muy deleitado, y de su cuerpo fluye luz y néctar hacia tu interior purificando enfermedades, kleshas, negatividades, etc.

Imagina que cada lama se disuelve en el siguiente, que está por debajo, y así hasta llegar a tu lama raíz, esencia de todos tus lamas –lo imaginas en su aspecto normal, pero sin defecto físico alguno–.

Le pides a tu lama que te otorgue bendiciones para obtener los logros del estado de generación y de consumación según reza la oración. Deleitado por las súplicas, emerge luz y néctar que purifican tu cuerpo, palabra y mente. A continuación, imagina que se acerca a tu cabeza y se disuelve dentro de ti en el chakra del corazón, pasando por el chakra de tu coronilla y de la garganta. En este punto, imagina que tu mente se vuelve indistinguible de la suya, y experimenta gozo físico y mental que comprende la vacuidad. De este modo generas la sabiduría no dual del gran gozo y el vacío.

Sigue recitando la sadhana:

Tomar refugio y generar la bodhichita
**Tomo siempre refugio en Buda, Dharma y Sangha,
en los tres vehículos, en las dakinis del yoga del
Mantra secreto, en los grandes seres, los bodhisatvas,
y, en especial, en mi maestro espiritual.**

**Para beneficio de todos los seres
Pueda yo convertirme en Heruka
con el propósito de llevar a todos los seres conscientes
al supremo estado de Heruka.**

Y el comentario que lo acompaña es este:

Es muy importante tomar refugio de manera sincera, desde lo más profundo del corazón y visualizar los objetos de refugio. En el tantra superior hay tres maneras de tomar refugio: externa, interna y secreta.

Cuando tomas refugio en las tres joyas que están en el continuo mental de un ser externo es el *refugio externo y causal*. En dependencia de las tres joyas externas te convertirás en un futuro, en las tres joyas de verdad; esto es el *refugio interno y resultante*. Y cuando, por medio de una fuerte concentración en los aires, canales y gotas se aflojan los nudos en los *chakras* y se derritan las gotas experimentarás niveles poderosos de luz clara, tus cinco agregados contaminados se transformarán en la naturaleza de las cinco familias de buda; esto es *el refugio secreto*.

Para tomar refugio en la sadhana, imagina en el espacio, frente a ti, a la altura de tu entrecejo a Heruka Chakrasamvara de doce brazos y en su coronilla a tu lama raíz bajo el aspecto de Vajradhara, síntesis de todos los lamas que te ayudan a entender el Dharma. Alrededor de Heruka se encuentran los lamas raíz y del linaje, así como deidades de los cuatro niveles de tantra, budas y bodhisatvas, dakas, dakinis, oyentes, realizadores solitarios y protectores. Enfrente de cada uno de ellos imagina una mesita que sostiene unas escrituras, símbolo de sus propias realizaciones espirituales. Antes de recitar la oración del refugio trata de visualizar todo esto. Si te resulta difícil, imagina tan solo a Heruka Chakrasamvara.

Te imaginas a ti mismo rodeado de tus padres, familiares, amigos, personas neutras y enemigos y diriges por todos ellos la oración de tomar refugio a la vez que generas un sentimiento de renuncia hacia el sufrimiento propio, compasión hacia el sufrimiento de los demás, y una fuerte convicción de que los objetos de refugio tienen poder para protegerte.

Y al recitar la oración de la bodhichita genera la fuerte determinación de obtener el estado iluminado de Heruka Chakrasamvara en una vida para así llevar a todos los seres conscientes a este estado.

Después sigues la sadhana:

Autogeneración instantánea
En un instante me convierto en Heruka con la Madre.

El comentario de estas breves palabras es así:

El corazón de la práctica del tantra es su énfasis en ir más allá de la apariencia y concepción ordinaria de las cosas. Para hacerlo posible, después de disolver la asamblea del refugio en ti, imaginas que tu cuerpo ordinario se disuelve en luz azul, de arriba abajo, hasta que surja la experiencia del gozo y el vacío. Debido a la absorción del lama raíz y disolución posterior, llegas a esa experiencia de unión, generas orgullo divino de ser el dharmakaya resultante o cuerpo de verdad de Heruka. Esto constituye una breve meditación para *llevar la muerte al sendero del dharmakaya*.

Desde este estado de gozo y vacío imaginas que te manifiestas como un loto de ocho pétalos multicolor, un cojín solar sobre el que apareces tú bajo el aspecto de un halo de luz azul de la medida de un antebrazo. Generas orgullo divino de ser el cuerpo de deleite resultante o sambhogakaya. Esto sería una meditación breve para *llevar el estado intermedio al sendero del cuerpo de deleite.*

Instantáneamente esa luz azul –es decir, tú– se transforma en Heruka azul abrazando a Vajravarahi. Es muy importante visualizar que la deidad surge de esa luz azul. Si piensas que es tu cuerpo ordinario el que se transforma en deidad sería un error. Esto sería una meditación breve para *llevar el renacimiento al sendero del cuerpo de emanación.*

La razón por la que justo aquí, al principio de la sadhana, te manifiestas como Heruka es porque, ya a continuación, debes bendecir los ofrecimientos lo cual no es posible hacer bajo tu aspecto ordinario. Genera, pues, claridad de ser Heruka azul, con dos brazos, un vajra y una campana, abrazado con Vajra Yoguini que sostiene un cuchillo curvo y un kapala.

Tanto el padre, Heruka, como la madre, Vajra Yoguini, tienen tres ojos, un adorno de hueso en la coronilla, una diadema hecha con rosarios de vajras negros y adornada por los cinco cráneos de donde cuelgan flequillos de colores.

La pierna derecha de Heruka está estirada y pisa a Bhairawa negro; la izquierda, ligeramente flexionada, pisa a la roja Kalarati.

La madre, Vajra Yoguini, tiene cinco mudras, pero carece del sexto, las cenizas y de la piel de tigre. Que carezca de las cenizas es símbolo de que no tiene tanta bodhichita blanca. Lleva un collar hecho de cabezas secas, símbolo de que la mujer tienen un encendimiento del fuego interno (Tib. *tummo*) más fuerte que los hombres.

Cuando te visualizas como Heruka es preciso generar orgullo divino y saber que la sabiduría del gran gozo no dual se manifiesta bajo el aspecto de Heruka, brillante y transparente como un arco iris. La campana debe recordarnos la vacuidad y el vajra el gran gozo.

Una vez tienes la apariencia de ser Heruka, la sadhana sigue con estas palabras:

Ofrecimiento interno medio
Ha ho hrih X3
Los rayos de luz de *ha* roja en la base de los logros, los rayos de luz de *ho* blanca debajo de la base de los logros y los rayos de luz de *hrih* azul en el centro de la base, eliminan todas las faltas de color, olor, gusto y poder de las respectivas sustancias, transformándolas así en néctar.
Om ah hum X3

Ofrecimiento interno breve
Ha ho hrih
Todas las faltas de color, olor y sabor son purificadas y las sustancias se transforman en un gran océano de néctar de sabiduría no contaminada.

Bendecir el dordje y la campana
El vajra es el método y la campana es la sabiduría; los dos juntos son de la naturaleza de la bodhichita última.

(Sostén este hecho en mente con firmeza. Sostén el vajra en tu corazón entre el pulgar y el anular con tu mano derecha y recita):

Om sarwa tathagata siddhi vajra samaya tika eka ton dharayami vajra satto hi hi hi hi hi hum hum hum phet soha

(Ahora sostén la campana entre el pulgar y el anular de tu mano izquierda y sostenla en tu cadera izquierda mientras recitas):
Om vajra gantha hum
(Para entender esta sección de la sadhana lee atentamente el comentario que sigue):

Deleito así a Vajrasatva y los demás.

(Alza el dordje o vajra mientras contemplas):

Hum

**Sostener el vajra libera a todos los seres de la confusión,
con alegría mantengo el vajra y
me implico en la actividad liberadora del Dharma**

Hum hum hum ho ho ho

(Sostén el vajra en tu cadera derecha y haz sonar la campana desde el centro y por las ocho direcciones mientras recitas):

Om vajra dharma ranita, paranita, samparanita, sarwa buda khyetra patzalini penja paramita nada sobhawa vajra sato hridaya, santo khani hum hum hum ho ho ho soha

Para bendecir el ofrecimiento interno hay varias secciones que empiezan así:

Pacificar.
Bajo tu aspecto de Heruka, visualiza en tu corazón un disco solar en cuyo centro se encuentra la sílaba azul *hum* rodeada del mantra *om kandarohi hum hum phat*. Recita el mantra e imagina innumerables diosas Kandarohi que salen de tu orificio nasal derecho, ahuyentan a los espíritus malignos y obstáculos y se los llevan más allá de los océanos. Seguidamente las diosas se reintegran a través del orificio nasal izquierdo y se disuelven en la *hum*. Las diosas Kandarohi sostienen un cuchillo curvo y un kapala.

Purificar
Imagina que la base del ofrecimiento ordinario, así como todos los fenómenos se disuelven en el vacío y que esa ausencia de existencia inherente es indistinguible de tu mente sutil, la sabiduría del gozo y la vacuidad, y generas orgullo divino.

Generar

En tu mesita tienes el kapala con líquido ordinario –alcohol, con una píldora de néctar–, la base del ofrecimiento interno imagina que éste se disuelve en el vacío desde donde aparece una sílaba *yam* azul, que se transforma en el elemento aire –en forma de arco y con sus dos extremos mirando hacia ti–. En cada vértice hay una bandera de la victoria.

Sobre el elemento aire surge una *ram* roja, que se transforma en un triángulo rojo con el vértice único hacia ti. En su vértice derecho aparece una *om*, en el izquierdo una *ah* y en el frontal una *hum*.

Las tres letras se transforman en tres cabezas humanas, *om* en una cabeza blanca, *ah* en una roja y *hum* en una azul. Sobre ellas aparece una *ah* blanca que se transforma en un ancho y espacioso kapala cuya parte frontal está delante de ti, es rojo por dentro y blanco por fuera.

A continuación, imaginas los néctares en las cuatro direcciones y en sentido contrario a las agujas del reloj y las carnes en el sentido de las agujas del reloj. Según algunos eruditos la "gran carne" es el tuétano, otros sostienen que se refiere al cerebro. Sherab Gyatso pensaba que se refería a las partes puras de la carne. Cualquiera de ellos es válido[5].

Purificar

De la sílaba *hum* en tu corazón salen rayos de luz que tocan el mandala de aire, debajo del *kapala*. El aire se activa con el movimiento de las banderas y provoca la ignición del mandala de fuego que, a su vez, hace hervir las sustancias del interior del kapala. Las sustancias hierven, se derriten y todas las faltas en el color, olor y sabor son purificadas adquiriendo una tonalidad rojiza –según describen los textos, parecida al color de la puesta de sol–.

---

5 Para una explicación de los cinco néctares y cinco carnes ver *La Dama del Espacio*, Ediciones Amara.

Transformar.

Por encima de las sustancias aparece la sílaba *hum* blanca, bocabajo, símbolo de la sabiduría no dual de Heruka Chakrasamvara. Cuando el vapor de la ebullición de las sustancias llega a la sílaba se transforma en un kathanga de bodhichita blanca a punto de derretirse como la mantequilla. Antes de hacerlo, se sumerge en el kapala y agita las sustancias una vez y en dirección contraria a las agujas del reloj. El color de las sustancias cambia de tonalidad –de rojiza a plateada– y de estar muy calientes pasan a ser refrescantes.

Encima del kapala visualiza las dieciséis vocales y treinta y seis consonantes del alfabeto sánscrito dispuestas en tres hileras. La primera hilera, en la parte superior es blanca, la segunda, roja, y la tercera, azul.

Las letras de la primera hilera se disuelven entre sí dando lugar a una o*m*, la segunda hilera forma una *ah* y la tercera una *hum*.

Las tres letras están bocabajo; emiten rayos de luz del color de la letra respectiva, y llegan a los budas, bodhisatvas, héroes, etc. Toda su sabiduría se disuelve en las tres sílabas bajo el aspecto de néctar y luz que trae consigo 1) el néctar de la esencia de las píldoras, 2) de los océanos y 3) las moradas de los dioses, así como 4) la fuerza de los cuatro elementos. Esta es una de las explicaciones especiales del Tantra de Heruka Chakrasamvara que no está incluida en el de Vajra Yoguini.

Incrementar

Innumerables rayos de luz salen de las tres letras hacia todos los seres conscientes, éstos son purificados y alcanzan el estado de Heruka. Los invitas a todos a que vengan encima del kapala y, debido a su abrazo, generan bodhichitas de tres colores – blanco, rojo y azul– que se disuelven en las tres letras, *om ah hum,* cuya esencia se transforma en el cuerpo, palabra y mente vajra.

Las letras caen dentro del néctar que se vuelve inagotable; se transforma en el néctar de la medicina, de la inmortalidad y de la sabiduría libre de contaminaciones.

Recita *om ah hum,* tantas veces como puedas, o al menos tres veces. Este es el mantra tanto para transformar el ofrecimiento interno en néctar como para hacer píldoras de néctar.

Este ofrecimiento interno es diferente al del Tantra de Guhyasamaya y otros, por lo que es importante distinguirlos correctamente. En el comentario de Yangchen Rupei Dorjee, no se describe el ofrecimiento interno extenso sino solamente el medio y el breve. El ofrecimiento interno tiene muchos simbolismos, tanto del estado de generación como del de consumación.

Ahora se bendicen los ofrecimientos externos que en la sadhana lee así:

Bendición de los ofrecimientos externos
Om kandarohi hum hum phet
Om sobhawa shuddha sarwa dharma sobhawa shuddho ham
Todo se disuelve en la vacuidad.

Desde la esfera de la vacuidad, de *kam* aparecen ocho amplios y espaciosos cráneos. Dentro de cada cráneo aparece una sílaba *hum*. Estas se transforman en agua para beber, agua para los pies, flores, incienso, luz, perfume, comida y música. Su naturaleza es gozo y vacuidad, su forma es cada uno de los ofrecimientos y su función es producir el gozo inmaculado extraordinario cuando son experimentados por los seis sentidos.

Om ahrgham ah hum
Om padyam ah hum
Om vajra pupe ah hum
Om vajra dhupe ah hum
Om vajra diwe ah hum
Om vajra gandhe ah hum
Om vajra newide ah hum
Om vajra shapta ah hum

Según el comentario para bendecir hay varias etapas:

Pacificar
Una vez bendecido el ofrecimiento interno esparces un poco de néctar con tu pulgar y anular, e imaginas diosas Kandarohi que emanan de tu corazón y eliminan todos los obstáculos.

Purificar
Se recita el mantra del vacío *om sobhawa shuddho sarwa dharma sobhawa shuddho ham* y los ofrecimientos son purificados de apariencias, concepciones ordinarias y existencia sustancial o inherente.

Generar
Del vacío aparecen ocho sílabas *kam*, esencia del gozo y el vacío, que se transforman en ocho cráneos, rojos por fuera y blancos por dentro. En su interior aparece la sílaba *hum* que se transforma en las ocho sustancias que tienen tres atributos:

1) Su naturaleza es la sabiduría no dual del gozo y la vacuidad.
2) Su aspecto es el de cada ofrecimiento –agua para lavarse, beber, incienso, flores, luz, perfume, música y comida.
3) Su función es proporcionar gozo a los seis sentidos. En el *Tantra de Yamantaka* o *Guhyasamaya*, los ofrecimientos no aparecen de *hum*, sino de *ah*, pero la naturaleza y descripción de los ofrecimientos son las mismas.

En este punto en la *sadhana* no se hacen los ofrecimientos sólo se purifican para bendecirlos. Entre la *om* y la *ah* se inserta el nombre de la sustancia. Para bendecir ofrecimientos es imprescindible usar la concentración, el *mudra* o gesto y el mantra.

Seguidamente en la sadhana viene:

Recitación y meditación de Vajrasatva
Sobre mi coronilla, una letra *pam* se transforma en un loto, la letra *ah* en un cojín lunar, sobre el cual de la letra *hum* emerge un vajra blanco de cinco puntas marcado con una *hum* en su centro. De éste salen rayos de luz, a través de los cuales se cumplen los dos propósitos. Los rayos de luz se reúnen transformándose en Vajrasatva blanco con una cara y dos manos, sosteniendo vajra y campana. Sentado en la postura vajra él abraza a su consorte, la blanca Dordge Nyemakarmo, la cual tiene una cara y dos brazos y sostiene un cuchillo curvo y un kapala. Ambos van adornados con sedas y otros ornamentos. En sus coronillas está la letra *om*, en sus gargantas *ah* y en sus corazones *hum*. De la *hum* en sus corazones emanan rayos de luz que invitan a los seres de sabiduría, a ellos similares.

***Dza hum bam ho*. Se vuelven no duales.**

De nuevo rayos de luz emanan de la *hum* en su corazón invitando a las diosas de iniciación.

**Oh vosotros, todos los Tathagatas
Otorgad por favor la iniciación completa.**

Habiendo suplicado así, ellas sostienen recipientes llenos de néctar de sabiduría, con los que conceden la iniciación.

Om sarwa tathagata abikekata samaya shriye hum

Sus cuerpos se llenan de néctar de sabiduría y el excedente que de ellos rebosa, se transforma en Akshobya, adornando sus coronillas. En el asiento lunar en su corazón está la letra hum rodeado por las sílabas del mantra.

**Oh Bhagawan Vajrasatva
purifica, por favor, todas las negatividades**

y obstrucciones de mí mismo y de todos los seres
y purifica todos los compromisos rotos y degenerados.

Habiendo suplicado de este modo. De la *hum* en su corazón y el rosario del mantra de cien sílabas a su alrededor, salen rayos de luz que purifican las negatividades y obstrucciones de todos los seres y presentan agradables ofrecimientos a los budas y a sus hijos. Todas las cualidades de cuerpo, palabra y mente son atraídas en forma de luz que se disuelve en el rosario del mantra en la *hum*. Con ello, un torrente de néctar blanco desciende de él a través de los órganos acoplados del Padre y su consorte. El néctar de sabiduría entra por mi coronilla y llena todo mi cuerpo purificando por completo todas mis negatividades y obstrucciones de cuerpo, palabra y mente.

Om vajra heruka samaya, manu palaya, heruka, teno patita, dridho me bhawa, suto kayo me bhawa, supo kayo me bhawa, anurakto me bhawa, sarwa siddhi me prayatza, sarwa karma sutza me, tzitam shriyam kuru hum, ha ha ha ha ho bhagawan, vajra heruka ma me muntsa, heruka bhawa, maha samaya satto ah hum phet.

> Debido a la ignorancia y a los engaños
> He roto y degenerado mis compromisos.
> Oh guía espiritual, mi protector,
> Sé mi refugio.

> Señor, sostenedor del vajra
> Dotado de gran compasión,
> Tú, el más sobresaliente de todos los seres
> En ti tomo refugio.

(Entonces Vajrasatva dice):

> Oh hijo del linaje, tus negatividades, oscurecimientos
> Y todos los compromisos rotos
> Están ahora limpios y purificados.

(Después de decir esto, él se disuelve en mí, con lo que mis tres puertas se vuelven inseparables del cuerpo, palabra y mente de Vajrasatva).

La explicación a esta importante práctica es así:

La práctica de Vajrasatva entraña confesar todas las negatividades apoyándose los cuatro poderes oponentes. Tomar refugio y generar bodhichita es el *poder del apoyo;* arrepentirse sinceramente de todas las negatividades cometidas hasta ahora es el *poder del arrepentimiento.* Recitar el mantra, visualizando que fluye néctar del cuerpo de las deidades es el *poder del antídoto;* y determinarse a no repetir acciones negativas es el *poder de la determinación.*

Hemos creado negatividades en el pasado y en el presente seguimos haciéndolo. Actuamos de este modo porque no nos terminamos de creer el funcionamiento implacable de la ley de causa y efecto y, en consecuencia, no tomamos refugio adecuadamente.

Para recitar y meditar en Vajrasatva visualiza encima de tu coronilla la sílaba *pam* blanca. Esta sílaba se transforma en un loto de ocho pétalos con una *ah* blanca que se transforma en un disco lunar.

Encima de él aparece la sílaba *hum*, la sabiduría del gran gozo y no dualidad de todos los budas. Esta se transforma en un *vajra* blanco de cinco puntas en cuyo centro hay una sílaba *hum* de color blanco cristal. De ella salen rayos de luz en cuyos vértices diosas de ofrecimientos otorgan placer a todos los budas.

A continuación, de *hum* vuelven a salir rayos de luz trasportando Vajrasatvas de los que emana néctar hacia todos los seres purificándolos y llevándolos al estado de Vajradhara. Después de cumplir esos dos propósitos, los seres se reintegran en los vértices de los rayos de luz, que se reabsorben en la *hum* del centro del vajra. Éste se deshace en luz y aparece Vajrasatva con la consorte.

Los dos son de color blanco. Vajrasatva tiene un rostro y dos brazos, sostiene un vajra de cristal en su mano derecha y una campana de cristal en la izquierda. Dorje Nyima Karmo es blanca con una cara y dos brazos, en su mano izquierda sostiene un *kapala* y en la derecha un cuchillo curvo. El Padre lleva seis adornos y la Madre cinco. El Padre está en la posición del vajra (vajrasana) y la Madre en la del loto (padmasana). Tienen una *om* blanca en su coronilla, una *ah* roja en su garganta y una *hum* azul en sus corazones.

En el *Tantra Padre*, la Madre sostiene un vajra y una campana, mientras que en el *Tantra Madre* sostiene un cuchillo y un kapala. En el *Tantra Padre*, las dos deidades llevan adornos de joyas, mientras que en el *Tantra Madre* los adornos están hechos de una mezcla de hueso y joya.

De *hum* en el corazón de Heruka salen rayos de luz invitando a incontables seres de sabiduría desde sus diferentes tierras puras. Todos estos seres sagrados llegan frente a ti en el espacio y recitas: *dza hum bam ho*.

Al decir *dza* los seres de sabiduría llegan encima de los seres de compromiso, al decir *hum,* entran en ellos, cuando dices *bam*, se mezclan; y al decir *ho,* sienten deleite y se vuelven inseparables.

De nuevo, rayos de luz de *hum*, en el corazón de Vajrasatva, que invitan incontables seres de sabiduría mientras haces oraciones de súplica para que concedan la iniciación. Ellos desarrollan la intención de darla. Sus consortes con jarrones repletos de néctar de sabiduría la conceden vertiéndolo en el cuerpo de Vajrasatva que se vuelve muy poderoso para purificar negatividades. El néctar sobrante que rebosa de sus coronillas se transforma en Buda Akshobya.

A continuación, haz la súplica a Vajrasatva según reza la *sadhana:*

Oh Bhagawan purifica por favor todas mis negatividades y obstrucciones y las de todos los seres y purifica todos los compromisos rotos y degenerados.

En el corazón de Vajrasatva, sobre un disco lunar plano, símbolo de la bodhichita convencional, se encuentra la sílaba *hum*, blanca como la leche, símbolo de la bodhichita última. Está rodeada del mantra de cien sílabas de Heruka Vajrasatva. Rayos de luz salen de la *hum* hacia todos los seres purificándolos y llevándolos al estado de Heruka. Otros rayos de luz ofrecen a todos los budas regresando con todas sus bendiciones y cualidades que se disuelven en la guirnalda del mantra. Vajrasatva es ahora más brillante y majestuoso.

Mientras recitas su mantra es importante generar el *Poder del Arrepentimiento* pensando en las muchas negatividades cometidas y en lo dramático que sería morir sin purificarlas. Un arrepentimiento intenso y sabio es el antídoto más poderoso para purificar.

Primera manera de recitar. Visualiza la sílaba *hum* y el rosario del mantra en el corazón de Vajrasatva y su consorte que están encima de tu coronilla. Una corriente de néctar blanco fluye hacia abajo, de la misma manera que el agua se filtraría en un recipiente de barro sin cocer. El néctar cae desde las sílabas y a través de los órganos sexuales unidos del padre y la madre, entran dentro de ti por tu coronilla. El néctar llena tu cuerpo desde la coronilla hasta la planta de los pies y todas las negatividades, enfermedades, obstáculos, compromisos rotos, etc, son empujados hacia abajo, como la porquería de una montaña desciende por la fuerza del agua torrencial. Tu cuerpo queda limpio como un vaso de cristal.

Segunda manera de recitar. De la *hum* y el mantra de Vajrasatva salen rayos de luz hacia todos los seres colocándolos en el estado supremo de Heruka. También se puede visualizar a todos los seres conscientes (incluyendo a nuestros padres) en el corazón y cuando el néctar llega allí se purifican nuestras negatividades.

Tercera manera de visualizar. El néctar llena tu cuerpo y empuja, de abajo hacia arriba, todas tus negatividades que salen de tu boca, las orejas, nariz y ojos bajo el aspecto de escorpiones, alquitrán, pus y sangre.

Cuarta manera de visualizar. Imagina también que tu interior está oscuro debido a la energía negativa y cuando del mantra fluye néctar y luz la oscuridad es eliminada como si se encendiera una luz.

Recitar el mantra de Vajrasatva y meditar en la vacuidad, completan el *Tercer Poder*, el del antídoto. Es importante hacer la práctica de Vajrasatva regularmente hasta obtener signos que indiquen que has purificado.

Los ofrecimientos se realizan más adelante en la sadhana, en este punto sólo se bendicen. Tiene cuatro partes como antes: limpiar, purificar, generar y bendecir.

Al ofrecer a la deidad frontal, los ofrecimientos en el altar deben estar dispuestos desde su izquierda mientras que los ofrecimientos para la autogeneración —es decir, uno mismo— se ponen empezando desde tu lado izquierdo.

Seguidamente en la sadhana aparece una práctica muy importante denominada:

El yoga de las tres purificaciones
***He* es la mente, la fuente de todo. Cuando se examina su naturaleza de ser una causa, encuentras la vacuidad, la ausencia de existencia inherente de los fenómenos.**
***Ru* es la ausencia de identidad esencial de la persona, separada del yo creado por la malla que surge de las concepciones erróneas.**
***Ka* es la talidad objetiva y subjetiva (la mente) que, por naturaleza, no existen de modo separado ni en desarmonía.**
***Shri* es el significado de evam, la sabiduría de la no dualidad, fundida con la vacuidad objetiva, tal y como ella es.**

(Pensando de este modo purifica la mente)

Del estado de la vacuidad aparezco instantáneamente como Heruka azul oscuro, con una cara y dos manos sosteniendo dordje y campana. De pie, con mi pierna derecha estirada, abrazo a mi consorte, la roja Vajravarahi, que tiene una cara y dos manos sosteniendo un cuchillo curvo y un kapala.

Shri Heruka Ham X3

(Repite tres veces con el pensamiento gozoso de beneficiar a todos los seres conscientes y con orgullo divino sobre este cuerpo sutil, purifica el cuerpo.)

**Om a aa i ii u uu ri rii li lii e ei o au am ah
Ka kha ga gha nga tsa tsha dza dzha nya da tha ta dha
Na dra thrah tra dha na ba pha pa bha ba ma ya ra la wa
sha kha sa ha kya hum hum phet X3**

Las guirnaldas del mantra están orientadas en sentido contrario a las agujas del reloj en tres círculos concéntricos en mi ombligo y radiando rayos de luz de cinco colores. Los grupos de deidades de los tres círculos se manifiestan y salen de mi orificio nasal derecho hacia las diez direcciones disipando todas las interferencias. Estas regresan y entran a través de mi orificio nasal izquierdo, disolviéndose en las guirnaldas del mantra en mi ombligo

(Imaginando esto purifica la palabra).

La explicación de esta importante práctica viene a continuación: La función de este yoga es purificar el cuerpo, la palabra, la mente, y acumular mérito. Esta sección explica el significado de las cuatro sílabas: *Shri He Ru Ka*. Este término tiene diferentes explicaciones, desde el punto de vista del significado definitivo y desde el punto de vista del significado interpretativo.

Desde el punto de vista del significado definitivo, en el estado de consumación, se explica su significado a través de la palabra *Evam*.

El significado literal es *Srhi*, glorioso, *He* deleite, *Ru* sangre, *Ka*, kapala. El significado sería "aquel que se deleita en la sangre del kapala". Por esta razón en algunos tantras, Heruka Chakrasamvara se denomina "El señor que bebe sangre".

He representa la ausencia de existencia inherente de los fenómenos, *Ru* representa ausencia de sustancialidad de la persona y *Ka* representa la mente que comprende los dos tipos de ausencia de sustancialidad.

Cuando se logra penetrar el cuerpo *vajra* o sutil, se manifiesta la mente más sutil del gran gozo que comprende el vacío. La naturaleza de esta mente es la ausencia de existencia intrínseca de los fenómenos. Para practicar este yoga puramente se ha de conocer el vacío según viene expuesto en los tratados del Lam Rim y Madhyamika. *He* representa la causa, el efecto y la naturaleza en los fenómenos, el vacío de las tres y las tres liberaciones completas.

Ru indica la ausencia de identidad esencial de la persona, el vacío de existencia inherente del yo y lo mío. El objeto del aferramiento a la identidad esencial es el "yo" inherente, que debe ser negado porque, en realidad, la persona, el yo, no existen de ese modo.

Percibir el yo o lo mío como si existieran de modo esencial es la mente que se aferra a la identidad esencial; y percibirlos como carentes de dicha sustancialidad es la sabiduría que comprende la vacuidad, que es el antídoto directo a esta ignorancia.

La mente que percibe la persona desprovista de este carácter es la sabiduría que comprende la ausencia de identidad esencial del yo o la persona y esta sabiduría es el antídoto a todos los engaños.

Ka representa la talidad objetiva y la mente subjetiva que, por naturaleza, no existen de modo separado. La talidad objetiva se refiere a la vacuidad, la ausencia de identidad esencial de la persona y de los fenómenos. La mente subjetiva se refiere a aquella que comprende directamente dicha ausencia, la sabiduría que comprende el vacío, que, a su vez, es vacua por naturaleza. Tanto la mente subjetiva como el vacío objetivo son iguales: vacíos, y por ello no existen de modo separado. No existen separadamente en términos de su naturaleza útima: la vacuidad.

Shri se refiere a la vacuidad o talidad objetiva que, primordialmente, está libre de elaboraciones de existencia inherente, como el espacio cuando está libre de las nubes. Cuando la sabiduría que comprende directamente el vacío, que según el tantra es el gran gozo no dual, está libre del objeto del aferramiento a la identidad esencial, forma una sola entidad, como verter agua sobre agua. El vacío y la sabiduría se vuelven así no duales y no están bloqueados por la menor apariencia dualista. La sabiduría no dual mezclada con la vacuidad objetiva es el significado de *Evam*.

He representa la ausencia de identidad esencial de los fenómenos; *Ru* representa la ausencia de identidad esencial de las personas. *Ka* significa que la talidad o vacío objetivos y la mente subjetiva no existen separadamente por naturaleza. *Shri* es la no dualidad de la naturaleza del gran gozo y el vacío.

Después de meditar en el significado de estos términos, piensa "soy el dharmakaya resultante de Heruka, la sabiduría no dual que comprende el vacío" y genera orgullo divino. Con esto se purifica la mente.

Desde el estado del vacío apareces, instantáneamente, como Heruka azul oscuro con dos manos sosteniendo un vajra y una campana. Estás de pie con la pierna derecha extendida y abrazas a Vajra Yoguini que sostiene cuchillo curvo y cráneo.

El propósito de aparecer bajo la forma de Heruka es ayudar a los seres ya que desde el dharmakaya no se puede hacer. Con una intención beneficiosa apareces como Heruka azul oscuro y recitas, *shri heruka ham*. Generar la intención beneficiosa de ayudar a los seres y recitar tres veces con el orgullo divino de ser Heruka purifica el cuerpo.

Para purificar la palabra recitas el alfabeto sánscrito tres veces según viene descrito en la sadhana. Las silabas están dispuestas en tres círculos en sentido levógiro en el ombligo. El círculo menor es azul, el del centro rojo y el externo blanco. Al exhalar, las sílabas emanan rayos de luz cuyos vértices llevan deidades del Mandala de las Cinco Deidades, salen de tu orificio nasal derecho y viajan hacia las diez direcciones, sirviendo a todos los seres y eliminando todos los obstáculos. Después las deidades entran en el cuerpo a través de tu orificio nasal izquierdo, disolviéndose en el rosario de mantras en el ombligo, que emite el sonido de cada letra.

Piensa que cualquier sonido que oigas es el sonido de las sílabas del alfabeto y con esta imaginación recitas las vocales y consonantes.

El Yoga de las tres purificaciones es la *sadhana* más corta de Heruka. Después de esta práctica se invocan a las deidades del campo de mérito para hacerles ofrecimientos.

Por ello, la sadhana sigue así:

Invocar a las deidades del campo de mérito y hacer ofrecimientos. De *hum* en mi corazón y bajo mi aspecto de Heruka, salen rayos de luz invitando en el espacio al séquito de Heruka el subyugador, que venido desde Akanishta, es inseparable del propio lama. Los rayos de luz regresan a mi corazón.

Namo gurú chakrasamvara sarwa dakini bhye (postración)

Ofrecimiento externo
Om sarwatathagata argham, padyam, pupe, dupe, ahloke, gendhe, niude, shapta pratitza soha

Ofrecimiento interno
Om sarwa tathagata om ah hum.

Ofrecimiento secreto y de la talidad
Padre y Madre entran en unión, y experimentan la sabiduría del gozo y la vacuidad.

(Haz de este modo el ofrecimiento secreto y de la talidad).

Tomo refugio en las tres joyas
Y confieso individualmente todas las negatividades
Me regocijo en las virtudes de los seres migradores
Y mantengo en mi mente la iluminación del Buda. X3

(El campo de acumulación se disuelve en mí y soy así bendecido).

El comentario de esta sección de la sadhana viene así:

Si deseas renacer en un reino superior como el humano en el futuro, es preciso crear las condiciones apropiadas. Las condiciones apropiadas para renacer como Heruka empiezan con la práctica del yoga del gurú porque te permite acumular un montón de energía positiva. Para ello, invocas al campo de mérito donde se reúnen tu gurú y deidades.

En tu corazón imagina la sílaba *pam* amarilla que se transforma en un loto de ocho pétalos multicolor –que simbolizan los ocho radios del *chakra* del corazón–. Sobre este loto aparece la sílaba *am* blanca que se transforma en un disco lunar, símbolo de la gota indestructible –roja y blanca– que obtuviste de tus padres de esta vida.

Sobre este disco lunar visualiza *hum*, que simboliza el aire más sutil y la mente que lo cabalga, la sabiduría no dual del gran gozo y el vacío de Heruka. *Hum* es de cinco colores diferentes porque la sabiduría no dual del gozo y el vacío simbolizan las cinco sabidurías mismas.

El *shabju*, la parte baja de la *hum*, simboliza la *sabiduría de llevar a cabo acciones*, de color verde y pertenece a la Familia del Buda Amoghasidhi. La letra *ha* (en forma de cinco) de color rojo, de la Familia de Amitabha, y representa la *sabiduría suprema del análisis individual*. La luna creciente representa la *sabiduría de la igualdad*, de color amarillo y su Familia es Ratnasambhava. La gota es de color blanco, su Familia es Vairochana y representa la *sabiduría parecida al espejo*. El *nada*, de color azul, representa la *sabiduría suprema del Dharmadatu* o la esfera de la realidad y su Familia es Akshobya.

La *hum* también se podría visualizar completamente azul porque representa a Buda Vajradhara que, en realidad es Buda Akshobya. Emana rayos de luz y néctar de los cinco colores que llenan tu cuerpo. Todas las negatividades, obstrucciones y enfermedades son eliminadas y tu cuerpo se vuelve claro y transparente como un cristal. Los rayos de luz se esparcen hacia todos los seres, eliminan sus negatividades y los llevan al estado de Heruka Chakrasamvara.

De nuevo, innumerables rayos de luz salen de *hum*, sus vértices son como ganchos que llegan al mandala de Heruka, el espacio se cubre por completo de una lluvia de mandalas que vienen frente a ti y se disuelven hasta que queda uno sólo: Heruka, la deidad principal, rodeado de las cuatro deidades y de las deidades de los cuatro tipos de Tantra, Dakinis, Budas y Bodhisatvas que vienen de diferentes tierras puras, como Akanishta y los veinticuatro lugares.

A toda esta asamblea ofreces lo siguiente:

Oración de las Siete Ramas

La primera rama es la postración en la que rezamos:

"Es debido a tu amabilidad que puedo obtener la Iluminación más elevada en el espacio de una vida, eres como una joya que concede todos los deseos. Me postro a tus pies de loto".

Te postras ante Heruka, los héroes y heroínas. La postración puede ser física, verbal y mental.

La segunda rama es el ofrecimiento. Del *nada* de la *hum* en tu corazón salen diosas de ofrecimiento y recitas el mantra de ofrecimiento, *om sarva tathagata arhgham, padyam, pupe, dupe, ahloke, gandhe, niude, shapta pratitza soha,* si puedes con el mudra correspondiente.

Al decir *om*, chasqueas los dedos en dirección hacia afuera y a la altura del corazón e imaginas que se manifiestan las diosas del ofrecimiento respectivo. Una vez terminado el ofrecimiento, chasqueas los dedos, pero, esta vez, hacia el chakra de tu corazón, e imaginas que las diosas se funden en la letra *hum*. Este mismo proceso se repite en cada ofrecimiento, con la diferencia de que las deidades llevan los respectivos ofrecimientos en sus manos inferiores y son de color diferente.

El número de diosas emanadas ha de ser igual al de número de seres que tenga el campo de mérito. Las diosas de ofrecimiento tienen cuatro manos, las dos superioras sostienen un vajra y una campana; las inferiores sostienen el ofrecimiento respectivo. *Las diosas del agua para beber, para lavarse y flores*, son blancas; *las diosas del incienso,* de color ahumado; *las diosas de la luz,* de color naranja; *las diosas del perfume*, de color verde, *las diosas de la comida*, de diferentes colores, *las diosas de la música*, de color verde o azul.

La diosa de la forma es de color blanco y con cuatro manos; las de la izquierda sostienen un cráneo y un *kathanga*; las de la derecha sostienen un espejo y un *damaru*. *La diosa del sonido* es de color azul, sostiene una guitarra en su primera mano derecha y las tres restantes como la anterior. *La diosa del olor* es amarilla y sostiene perfumes. *La diosa del sabor* es roja y sostiene comida. *La diosa del contacto* es verde y sostiene una tela. *La diosa de la esfera de la realidad* es blanca y sostiene un tetraedro.

Imagina a las diosas hermosas y bellas como la luna, sus tres hermosos ojos son de color azul, sus labios son de un color rojo delicado, sus dientes son blancos, sus cuerpos esbeltos y sus pechos voluptuosos; su silueta es extremadamente sensual y su pelo, suelto hasta la cintura. Su pierna derecha está estirada y la izquierda ligeramente recogida hacia adentro. Su apariencia es la de una joven de dieciséis años y cuando los seres del campo de mérito las observan, experimentan gozo no contaminado.

Seguidamente, para llevar a cabo el ofrecimiento interno imagina que de tu corazón surgen las cuatro deidades de Heruka y lo ofrecen al campo de mérito.

Para el ofrecimiento secreto imagina que Heruka y Vajra Yoguini en unión experimentan gozo.

Y, para el ofrecimiento de la talidad, imagina que el gozo no contaminado que experimenta Heruka comprende el vacío; ellos generan así la sabiduría no dual del gozo y el vacío que es la sustancia que ofreces.

Los seres del campo de mérito son budas y, por tanto, tienen la experiencia del estado de unión de luz clara y el cuerpo ilusorio. Se ofrece la naturaleza de la unión.

Seguidamente, aparece en la sadhana un verso de cuatro líneas que te recuerda la práctica de tomar refugio, la confesión, el regocijo y la bodhichita en sus dos aspectos; la bodhichita que aspira y la que se implica.

Después, enfocas la mente en Heruka Chakrasamvara y la asamblea, delante de ti, y le suplicas a él y a su séquito que te otorguen todos los logros, tanto mundanos como espirituales. Tu lama bajo el aspecto de Vajradhara se encuentra en la coronilla de Heruka, los gurús del linaje, deidades, budas y bodhisatvas que le rodean se disuelven en él. Finalmente, los seres superiores se han disuelto en Vajradhara el cual disminuye de tamaño y llega a tu corazón por la obertura superior de tu canal central –el entrecejo–. Cuando llega a tu corazón, siente que tu continuo mental es bendecido y, como resultado, experimentas el gran gozo no contaminado. Este punto es muy importante: es el yoga del gurú definitivo.

Muchos yoguis, tanto del Tíbet como de India, han señalado que es la práctica suprema para acumular mérito y purificar.

Y recitas el mantra de cien sílabas de Heruka Vajrasatva para purificar las faltas cometidas al ofrecer al campo de mérito, aquí se toca la campana mientras se recita una o tres veces el mantra.

Llevar la muerte al sendero del dharmakaya

A esto le sigue la parte más importante del tantra superior:

Om sunyata gyanavajra sobhawa atmako ham

Todos los fenómenos del contenedor (los universos) y el sabor (los seres) se disuelven en mí. Así mismo yo también me convierto en la vacuidad no observada.

El comentario extenso viene a continuación y, en realidad, es lo que has de meditar en este punto en la sadhana:

Si para renacer como un rey en la próxima vida has de acumular mucha virtud y méritos, si deseas convertirte en Heruka has de hacer algo especial: llevar los cuerpos básicos (muerte, bardo y renacimiento) al sendero y transformarlos en los tres cuerpos de Heruka. Para hacerlo es preciso acumular méritos, pero, de modo especial, conocer tres elementos:

1) Las bases de purificación.
2) El sendero que purifica.
3) El resultado de la purificación.

"Los tres cuerpos básicos", se refieren 1) a la muerte del cuerpo de un ser humano y que posee los seis elementos, 2) al estado intermedio y 3) el renacimiento posterior.

La base de purificación, pues, es tu propia muerte, estado intermedio y renacimiento ordinarios. Se purifica llevando los tres cuerpos al sendero.

El resultado de la purificación es conseguir los tres cuerpos resultantes de un ser iluminado: dharmakaya, sambhogakaya y nirmanakaya.

Así, puesto que, tarde o temprano, vas a morir es preciso meditar en los cuerpos del sendero que tienen un aspecto similar a la muerte, el estado intermedio y el renacimiento reales, para así poder obtener los tres cuerpos resultantes.

La muerte ordinaria es la base de purificación y aquello que la purifica es el llevar la muerte al sendero del dharmakaya en el estado de generación para que pueda purificarse realmente en los elevados niveles del estado de consumación. El fruto de todo ello es obtener el dharmakaya real.

Para convertirte en Heruka Chakrasamvara acumulas mérito por medio del yoga del gurú –que es como terminaste en la sección anterior de la sadhana– y sabiduría meditando en la vacuidad.

El corazón de la práctica del tantra superior es entender que para generarnos como cualquier deidad has de disolver en el vacío tu cuerpo ordinario. Disuelves todo el universo y los seres en tu cuerpo que, a su vez, se disuelve en la vacuidad. Este proceso de disolución se corresponde con la disolución en el vacío del universo anterior desde donde surgió el universo actual en el que vives.

Hay dos maneras de meditar en el vacío: 1) como lo hacen los seres aryas y 2) como lo hacen los seres ordinarios. Aquí seguiremos el segundo sistema.

Cuando se está a punto de meditar en la vacuidad, una vez te has unido en meditación haciendo el yoga del gurú definitivo, generas una buena motivación.

Para tener experiencias del estado de generación burdo, no es imprescindible tener permanencia apacible. Puedes meditar en la vacuidad con o sin apariencia.

Meditar en el vacío con apariencia
Todos los fenómenos de samsara y Nirvana son una ilusión, es decir, mera convencionalidad. Ningún fenómeno existe de

modo sustancial, ningún fenómeno puede establecerse por sí mismo, ni existe por su propio lado, sino en dependencia del mero nombre imputado sobre su base de imputación adecuada. En consecuencia, los fenómenos son como una ilusión de apariencia y vacío. Pensando así se recita *om sunyata gyana vajra sobhava atma ko ham* cuyo significado es "yo soy la no dualidad del gran gozo y el vacío de existencia intrínseca de todos los fenómenos".

Meditar en el vacío sin apariencia

En primer lugar, te imaginas bajo el aspecto de Heruka; de la sílaba *hum* en tu corazón imaginas que emergen rayos de luz y néctar que abarcan hasta los confines del universo y a sus seres. Estos se transforman en innumerables mansiones celestiales y en Herukas. Las mansiones se disuelven en los seres que, a su vez, se absorben en Vajra Yoguini, (a la que como Heruka abrazas). Ésta se disuelve en tu cuerpo –el de Heruka– que a su vez se disuelve en la *hum* en tu chakra del corazón.

A partir de este punto empieza el proceso de disolución cuya correspondencia son las ocho disoluciones que acontecen en un ser humano ordinario al morir. Es el proceso por el que pasarás cuando en esta vida pasas por el proceso de tu muerte.

1) Cuando el *shabju* se disuelve en la *ha* imagina que el elemento tierra se disuelve en el elemento agua y por ello experimentas *la apariencia parecida al espejismo.*

2) Cuando *Ha* se disuelve en su propia cabeza y el poder del elemento agua se disuelve en el elemento fuego, surge *la apariencia del humo.*

3) Cuando la cabeza de *ha* se disuelve en la luna creciente el elemento fuego se disuelve en el elemento aire y surge *la apariencia de las chispas.*

4) Cuando la luna creciente se disuelve en la gota, el elemento aire se disuelve en la conciencia o espacio y el signo interno es *la apariencia de la llama de una vela.*

5) Cuando la gota se disuelve en el *nada* surge el signo interno de *la apariencia blanca*, que es como la luminosidad en un lugar impregnado por la luz de la luna o el cielo impregnado de la luz de la luna durante una noche clara de otoño.

6) Cuando el *nada* se disuelve en la segunda curva, aparece el signo interno de un cielo sin nubes al amanecer impregnado por los rayos del sol. Es *la apariencia roja*.

7) Cuando la segunda curva se disuelve en la tercera el signo interno que se percibe es la oscuridad de la media noche, *la apariencia de* la *oscuridad cerca del logro*.

8) Cuando la tercera curva se disuelve en el vacío, el signo interno que se percibe es la apariencia que está completamente desprovista de la luz de la luna, de la luz del sol y de la oscuridad durante el amanecer en otoño, *la luz clara*, que es como un cielo claro antes de que salga el sol.

En este punto estableces la luz clara procurando que en tu meditación aparezcan estos cuatro puntos:

1) Imagina que tu mente experimenta gozo.
2) Ese gran gozo está mezclado con la percepción de un vacío.
3) Esta unión de gran gozo y vacío es el cuerpo de verdad o dharmakaya, la base para imputar el yo de Heruka.
4) Sobre esta experiencia piensas: "yo soy el dharmakaya de Heruka".

Mejoras esta experiencia de luz clara *recordando* 1) la percepción de vacío, 2) *comprendiendo* que este vacío es la vacuidad que explica la escuela prasangika, 3) la mente sutil que observa es el gran gozo y 4) esa experiencia eres tú: el dharmakaya de Heruka. Esta meditación es de vital importancia y conlleva grandes beneficios: acumulas sabiduría, pacificas concepciones y apariencias ordinarias, te ayuda a ver el mandala y la deidad, que su naturaleza es gozo y vacuidad, y a obtener el dharmakaya. En realidad, Heruka Chakrasamvara es la luz clara real. Si al morir quedamos en equilibrio meditativo en la vacuidad no es necesario hacer práctica de powa alguna.

Si revisas esta meditación, el punto de partida para meditar en el vacío empieza cuando el elemento tierra se disuelve en el elemento agua, cuando la consciencia todavía es burda. Meditas así un rato.

Por decirlo de algún modo los seres conscientes tenemos dos tipos de mente: la residente, que permanece desde tiempo sin principio y que sigue hacia el futuro, es la mente natural de la luz clara. La otra es la consciencia activa habitual, la que se desarrolla en esta vida, que es temporal, y que ha surgido de la mente muy sutil de la luz clara.

La consciencia que se implica en los diferentes objetos es la conciencia activa o mente burda. Y aunque la mente muy sutil no se manifieste, no significa que no exista sino solo que está escondida a causa de dicha actividad.

La mente muy sutil solo se manifiesta en el momento de la muerte porque entonces los aires entran, permanecen y se disuelven de modo natural dentro del canal central, lo cual provoca que las consciencias que cabalgan sobre ellos dejen de funcionar y den lugar al espacio suficiente para que la mente de la luz clara se manifieste.

Una vez disueltas las mentes sutiles de la *apariencia blanca, roja y oscuridad,* aparece la mente muy sutil de la luz clara. Esta mente es la que crea todo lo que hay en el samsara y el Nirvana; es la que obtiene la Iluminación. Los nygmapas la denominan la gran perfección o dzogchen.

Aunque hemos experimentado este estado de luz clara innumerables veces no hemos podido hacer ningún uso de ella. Para ser capaces de usarla has de adiestrarte necesariamente en el proceso imaginativo de llevar los tres cuerpos al camino, tal y como se describe en este tantra.

Sílaba Hum

Hasta ahora has experimentado la luz clara de la muerte por la fuerza del karma y los engaños, pero nunca has experimentado la luz clara que surge por la fuerza de la meditación. Experimentarla es lo que te enseña este tantra. Para lograrlo has de hacer entrar y disolver los aires dentro del canal central, momento en el que la podrás transformar en la sabiduría gozosa que percibe el vacío indirectamente. A partir de entonces ya no se experimentará la muerte ordinaria provocada por karma y engaños. Esta mente es denominada la luz clara del ejemplo último del aislamiento mental y es el purificador directo de la muerte descontrolada.

Sin embargo, aquí la mente aún no está libre de apariencias dualistas sutiles y para eliminarlas esta mente de sabiduría gozosa ha de experimentar el vacío de una manera directa, momento en que despiertas la luz clara del significado.

Cuando una persona sin realizaciones espirituales se implica en la práctica de llevar la muerte al camino del dharmakaya, es muy importante la fuerza de la imaginación para trabajar con la disolución de los elementos hasta alcanzar la luz clara artificial que medita en la vacuidad.

Llevar el estado intermedio al sendero del sambhogakaya

La sadhana sigue con:

Llevar el estado intermedio al sendero del sambhogakaya
A continuación, del estado de la vacuidad que disuelve todas las aparriencias, mi mente surge como un refinado nada, de color blanco con un leve matiz rojo, situado de pie en el espacio

Y el comentario que explica en qué has de meditar en este punto viene a continuación:

Un ser humano consta de seis elementos y cuando éstos se disuelven en el momento de la muerte aparece la luz clara de la mente, como se ha visto en la sección anterior. Al mismo tiempo que este estado de luz clara se desvanece, el aire que la acompaña se transforma en el cuerpo del ser del bardo y la primera mente que surge es la de oscuridad cercana al logro del orden invertido.

Este proceso simboliza que después de tu muerte no tienes otra alternativa que tomar el cuerpo del estado intermedio o bardo. Al morir se experimenta la luz clara y al mismo tiempo que cesa, empieza el estado intermedio; uno termina y el otro empieza. Cuando el ser del estado intermedio aparece nace con los órganos sensoriales en perfecto estado.

La luz clara de la muerte es la causa sustancial que produce la mente del ser del estado intermedio mientras que el aire muy sutil sobre el que monta esa luz clara es la causa sustancial que produce el cuerpo del ser del estado intermedio. Así es como proceden la muerte, el estado intermedio y el renacimiento básicos.

En el estado de consumación se experimentan procesos muy similares. Por ejemplo, después de manifestar la luz clara del ejemplo o la luz clara del significado aparecen el cuerpo ilusorio impuro o el puro.

Es de vital importancia entender que, en el estado de generación se medita en aspectos que se *asemejan* a los que se logran en el estado de consumación. Es decir, es preciso *usar la imaginación*. Así, cuando imaginas que del estado del vacío aparece el *nada* este proceso imaginativo siembra una impresión kármica en tu mente para desarrollar el cuerpo ilusorio en el estado de consumación.

En el *Tantra Padre* se enfatiza desarrollar el cuerpo ilusorio. Guhyasamaya es el cuerpo ilusorio definitivo. Cuando a través de la práctica de Vajra Yoguini se consigue el cuerpo ilusorio y la luz clara, al mismo tiempo se experimenta el estado de Heruka y Guhyasamaya.

Para un ser ordinario, el cuerpo del sueño surge de la luz clara del sueño; para un practicante del estado de consumación, desde la experiencia de la luz clara del ejemplo o del significado surge el cuerpo ilusorio; para un buda, el cuerpo de deleite surge de la luz clara del cuerpo de verdad. Pero ahora, al no tener este nivel, solo puedes usar un sendero purificador que te conduzca a dichos estados. La sección anterior te condujo a la luz clara con los cuatro puntos antes; cuando te canses o pierdes la concentración, genera la motivación siguiente:

> Si permanezco en este estado sólo los budas pueden
> percibirme, por tanto, no puedo ser de mucha utilidad.
> Debo tomar un cuerpo más burdo para ayudar a más seres.

Después de generar esa motivación, instantáneamente emerges de la experiencia de luz clara bajo el aspecto de un *nada* de tres curvas, blanco con un tono rojizo; igual que un pez pequeño sale de la superficie del océano. El *nada* eres tú, flotando en el espacio, es la esencia de la sabiduría no dual del gran gozo y el vacío de Heruka Chakrasamvara, y tan pronto apareces como tal generas orgullo divino de ser el cuerpo de deleite resultante.

El color del *nada* simboliza el *aire que sostiene la vida,* que es blanco. La sombra roja del *nada* simboliza que el ser del estado intermedio está atado al deseo. En términos del sendero, el rojo del nada significa que el ser del estado intermedio está atado a la compasión –o gran gozo. Sus tres curvas simbolizan el cuerpo, palabra y mente del ser del bardo, así como los tres cuerpos: dharmakaya, sambhogakaya y nirmanakaya del sendero y del fruto.

En el estado de consumación, el cuerpo de deleite del sendero, –el cuerpo ilusorio– también es de color blanco.

Es bueno recordar estos simbolismos mientras te visualizas como el *nada* en el espacio que ha surgido de tu experiencia de la luz clara.

Una vez aparece el nada desde la luz clara, en el *Tantra de Heruka Chakrasamvara* hay tres maneras de generar la rueda de protección: extensa, media y breve. Para los que desean practicar la extensa, existe un texto que explica un ritual compuesto por el Séptimo Dalai Lama, que, a su vez, es comentario del texto de Tsong Khapa *Ordeñar con mucho brío.*

La meditación media se describe en otros sistemas de Heruka Chakrasamvara. Aquí se seguirá la manera breve.

Recuerda que durante la práctica de llevar el *bardo* al sendero desarrollabas orgullo divino de ser el *nada,* el cuerpo de deleite resultante.

Como *nada,* observas por debajo de ti la muralla o círculo de protección, considerándolo como la tierra pura de Heruka en la que vas a renacer e imaginas la descripción que viene a continuación:

En primer lugar, aparece la *muralla de protección* que consta de un suelo vajra inmenso formado por un doble vajra cruzado, la verja vajra, el dosel y el tejado. La muralla de protección es una manifestación de la sabiduría no dual de Heruka. Y forma una estructura lisa y plana como un cristal indestructible. La estructura está hecha de vajras luminosos de la naturaleza de la sabiduría no dual, lo cual hace imposible que sea atravesada por fuerzas malignas

El suelo vajra es vasto y a lo largo de sus bordes se levanta la *verja vajra cuadrada*, vasta y elevada. Encima de la verja vajra está el *tendal vajra* con forma de tienda mongol y el *dosel* en su interior que sirve como una especie de falso techo.

Encima de la verja vajra aparece el *techo vajra* con su punta superior adornada por un vajra. Es en el lugar donde termina la verja y empieza el techo donde se encuentra el falso techo o dosel.

La verja de vajras emite el *fuego de sabiduría* que lo rodea; un total de sesenta y cuatro fuegos circulando en dirección contraria a las agujas del reloj. El fuego tiene un aspecto atemorizante para las fuerzas malignas y los obstáculos que lo desean atravesar, pero es benigno ante las fuerzas que ayudan al practicante. Entre estos sesenta y cuatro fuegos y la verja se mueven flechas con sus puntas en forma de vajra. Están repletos de vajras de cinco puntas indestructibles que son de la naturaleza de Heruka. Este fuego se denomina *el fuego del final del eón*.

La verja vajra se puede imaginar circular como en los Tantras de Guhyasamaya y Yamantaka si así lo deseas. Está compuesta de dieciséis grandes vajras en cada lado[6]. Los espacios que quedan libres dentro de cada vajra están rellenos con vajras más pequeños que a su vez están llenos de otros más diminutos hasta que no queda ningún espacio vacío y su superficie es lisa, aunque, aparentemente, pueda aparecer áspera y rugosa. Es altísima y llega al reino de Brahma. En su parte exterior –por encima, por debajo y todo a su alrededor– circulan los fuegos en dirección levógira.

Aunque en esta sadhana no viene escrito, puedes bendecir esta muralla de protección –el suelo vajra, la verja vajra, el

---

6 La pared de vajras del Este es azul oscuro; la del Norte verdes; la del Oeste, rojos y en el Sur amarillos. Cada uno de ellos emite rayos de luz de sus respectivos colores que impregnan todos los lugares. Son gigantescos, pero dejando suficiente espacio para poder ver el mandala de la deidad que aparecerá posteriormente.

techo, el dosel, las redes de flechas y los fuegos de sabiduría–
con los seis mantras siguientes:

Para el suelo: *om mendeni benza bawa benza benda
hum*
Para la verja: *om benza para kara hum pam hum*
Para el techo: *om vajra panchara hum pam hum*
Para el dosel: *om vajra vitana vitana hum kam hum*
Para las redes de flechas: *om vajra sara zala tom sam tom*
Para los fuegos: *om vajra sola analarka hum hum
hum*

En el *Tantra Padre* los fuegos giran en sentido horario, pero aquí lo hacen en sentido levógiro. Son muy calientes como el fuego del final de un eón y están llenos de flechas que circulan en su interior por todas las direcciones.

Llevar el renacimiento al sendero del nirmanakaya

Una vez establecido el paisaje de tu nuevo mundo has de crear la mansión donde vas a renacer, tu nuevo mundo, tu mandala. Así viene en la sección de la sadhana:

Llevar el renacimiento al sendero del nirmanakaya
Del estado de la vacuidad y en el centro de un suelo, reja, tendal, canopia y frente de fuego vajra, se van sucediendo instantáneamente, los cuatro elementos, uno sobre otro. Encima, el Monte Meru. Sobre él, en el centro de la montaña, hay un loto multicolor.

En el centro del loto hay un vajra multicolor. Encima hay un loto multicolor de ocho pétalos, en cuyo centro se encuentra un disco lunar blanco con un leve matiz rojizo que refleja treinta y dos vocales y ochenta consonantes y que son, por naturaleza, las marcas mayores y menores de un ser iluminado. Esto es *la sabiduría parecida al espejo* y *la sabiduría de la igualdad*.

Yo, como *nada* en el espacio, veo la luna con el matiz rojizo y me motivo a renacer en el centro de la bodhichita blanca y roja del Padre y la Madre plenamente iluminados, para el beneficio de todos los seres.

Movido por esta motivación el *nada* entra en la luna, transformándose gradualmente en *hum* blanca con un matiz rojizo, que es *la sabiduría del análisis individual*.

Rayos de luz salen de la *hum* llevando a cabo los dos propósitos. Luego vuelven y se disuelven en el *nada* de la letra *hum* que, siendo por naturaleza el gran gozo nacido espontáneamente, es *la sabiduría que acomete las actividades*

Om ah hum
Om sarwa bira yogini kaya vaka tsita vajra sobhawa atma ko ham
Om vajra shudha sarwa dharma vajra shudho ham

La luna, vocales, consonantes y *hum* se transforman, apareciendo simultáneamente lo que abarca y lo que es abarcado por el mandala completo, que es la *sabiduría de la esfera de la realidad*.

Además, hay una mansión celestial cuadrada con cuatro puertas de entrada, cuatro arcadas y rematada con todas las características esenciales.

En su centro hay un loto multicolor de ocho pétalos, en cuyo centro se encuentra un cojín solar. Encima aparezco yo bajo el aspecto del glorioso subyugador, Heruka azul oscuro con cuatro caras, de las cuales la principal es azul oscuro, la izquierda verde, la posterior roja y la derecha amarilla, y cada una de ellas con tres ojos.

Tengo doce brazos y mi cabeza está adornada con un rosario de vajras de cinco puntas. Mi pierna derecha está estirada y pisa la cabeza del negro Bhairawa. Mi pierna izquierda está flexionada y pisa el pecho de la roja Kalarati. Con las dos primeras manos sostengo un dordje y una campana y abrazo a Vajravarahi.

Las dos manos inferiores sostienen la piel de un elefante con un gesto aterrador. Llevo un damaru en la mano derecha tercera y un hacha en la cuarta; un cuchillo curvo en la quinta mano y un tridente en la sexta. Un kathanga en la mano izquierda tercera, un recipiente de calavera repleto de sangre, en la cuarta; un lazo vajra en la quinta, y en la sexta sostengo la cabeza con cuatro caras de Brahma.

Mi pelo está recogido en un moño superior, adornado con un vajra cruzado. Cada cabeza está adornada con cinco calaveras secas. La cabeza central, adornada con una luna creciente, ladea ligeramente hacia la izquierda, mi rostro amaga una sonrisa a la vez que cuatro colmillos dentellean.

Adopto los tres modales físicos de ser sensual, audaz y repulsivo, los tres modales verbales de ser risueño, potente y aterrador; y los tres modales mentales de ser compasivo, radiante y pacífico.

En síntesis, poseo nueve modales, una piel de tigre como vestimenta en mi parte baja, llevo un rosario de cincuenta cabezas humanas ensartadas por un intestino humano, voy

adornado con seis mudras y llevo el cuerpo untado de ceniza de hueso humano.

Cara a cara con el Conquistador Chakrasamvara está la Conquistadora Vajravarahi, su cuerpo es rojo, con una cara y dos manos, con la izquierda abraza al Padre alrededor de su cuello, alzando el recipiente lleno de sangre de los cuatro tipos de maras y ofreciéndola a su cara (posterior).

En su mano derecha sostiene un cuchillo curvo con un mudra aterrador que ahuyenta a todas las fuerzas demoníacas de las diez direcciones. Sus tres ojos son rojos y arden como el fuego. Sus dos pantorrillas están firmemente agarradas a los muslos del Padre. Ella es el gran gozo por naturaleza y va adornada con cinco mudras, cinco cabezas humanas secas como ornamento de la coronilla y cincuenta calaveras secas como collar extenso.

En el loto, sobre el pétalo Este se encuentra la negra Dakini, en el Norte la verde Lama, en el Oeste la roja Kandarohi, y en el sur Rupini amarilla. Todas ellas con una cara y cuatro brazos. Las dos manos derechas sostienen un cuchillo curvo y un damaru y las dos manos izquierdas sostienen kapala y kathanga. Están desnudas, con la diadema de cinco calaveras y su pelo cuelga sin enredo alguno. Llevan un collar de cincuenta calaveras humanas y están adornadas con cinco mudras. Tienen su pierna derecha estirada.

En cada pétalo de las cuatro direcciones subcardinales hay un recipiente de néctar sobre el cual hay un kapala repleto con las bodhichitas.

El comentario que acompaña esta compleja parte de la sadhana es así:

Generar el asiento de la mansión celestial
Para que un ser ordinario dotado de los seis elementos renazca, previamente debe existir un mundo para hacerlo y por este motivo, en primer lugar, generas dentro de la construcción previa –que representa el universo y aparece en la sección

previa de la sadhana– la mansión celestial, lo cual representa el proceso similar para que nazca la deidad.

Así pues, después de llevar la muerte al sendero del dharmakaya apareces como *nada* y percibes en el interior de la construcción descrita previamente un enorme vajra cruzado (un vajra transversal que lo atraviesa por su centro, de manera que la parte superior llegue hasta el reino de Brahma y la inferior hasta profundidades inimaginables). Simboliza la base misma del universo. El centro cuadrado que forma el vajra cruzado tiene varios colores[7].

Así pues, como *nada* flotando en el espacio percibes debajo de ti la muralla de protección descrita. En su interior, sobre el suelo vajra formado por el doble vajra cruzado, aparece una sílaba *yam* azul gigantesca que cubre todo el espacio del interior de la verja que se transforma en una media luna con la parte recta frente al *nada* –uno mismo–. Tiene el aspecto de una media luna y en sus dos vértices ondean banderas de la victoria. Simboliza la generación del universo, porque desde el espacio aparece el elemento más sutil, el elemento aire.

Bajo tu aspecto de *nada* observas que, encima de la media luna, aparece una sílaba *ram* roja gigantesca que se transforma en un triángulo rojo cuyo vértice mira hacia ti, el *nada*. En cada vértice hay una *ram* que arde intensamente. Simboliza el elemento fuego.

Sobre el triangulo aparece una *bam* blanca que se transforma en el elemento agua. Este elemento es circular y en su interior hay un recipiente medio inmerso en el agua.

Encima de la esfera surge una *lam* amarilla, el elemento tierra, que se transforma en un cubo cuadrado amarillo. Cada esquina está rematada con un vajra horizontal de tres puntas.

---

7 El vajra del Este es de color azul oscuro, el del Norte verde, el del Oeste rojo y el del Sur amarillo.

Todo este proceso simboliza la evolución gradual de los cuatro elementos del universo –aire, fuego agua y tierra– en el que vas a nacer.

Encima del elemento tierra, el cubo gigantesco cuadrado amarillo, de una sílaba *sum* amarilla, surge el Monte Meru, cuadrado e inmenso. Cada lado del Monte está hecho de una sustancia preciosa[8].

En las direcciones cardinales y ordinales del Monte Meru, hay ocho representaciones del Monte Meru en miniatura. Y en su centro aparece una sílaba *pam* amarilla que se transforma en un loto de sesenta y cuatro pétalos de colores diversos. La parte interior del loto es verde, pero a su alrededor hay una tonalidad amarillenta.

Encima de la flor de loto de sesenta y cuatro pétalos aparece una sílaba *hum* azul que se transforma en un gran vajra cruzado horizontal de diversos colores[9]. Su centro es cuadrado y enorme.

En el centro del doble vajra aparece una sílaba *pam* verde que se transforma en un loto con ocho pétalos de colores diversos[10], tan grande como el vajra cruzado sobre el que descansa. En el centro de este loto aparece un mandala lunar blanco con una tonalidad rojiza. Esto es el fundamento donde aparecerá la mansión celestial de Heruka.

En el centro del disco lunar hay dieciséis vocales sánscritas de color blanco dispuestas en sentido horario y dieciséis más en sentido levógiro. Las treinta y dos letras representan las treinta y dos marcas mayores que se obtienen al llegar al estado

---

8 El lado Este es blanco como el cristal; el del Sur, lapislázuli; el del Oeste, rubí; y el del Norte, dorado.

9 El *vajra* del Este es blanco, el del Sur amarillo, el del Norte verde y el del Oeste rojo.

10 Los pétalos de las cuatro direcciones son rojos; el pétalo del Sureste es verde, el del Noroeste amarillo, el del Suroeste verde y el del Noroeste negro. La parte interior es verde y su alrededor amarillo.

de un buda. A su alrededor imagina cuarenta consonantes de color rojo en sentido horario y cuarenta en sentido levógiro. Representan las ochenta marcas menores que se obtienen al transformarte en un buda.

Las vocales y consonantes se transforman en una luna llena, un disco claro y limpio que refleja las letras.

El vajra cruzado simboliza el cuerpo de la madre y el loto de ocho pétalos su seno; el disco lunar con tonalidad rojiza en su centro simboliza la unión del semen del padre Heruka y la madre Vajra Yoguini.

Llevar el nacimiento al sendero del nirmanakaya
Observas este proceso de formación descrito como *nada* en el espacio, por debajo de ti. A continuación, como *nada* en el espacio, generas la siguiente motivación para renacer en la tierra pura de Heruka:

> Pueda yo renacer en medio de la gota blanca de Heruka
> y la roja de Vajra Yoguini.

Para renacer, medita según los cinco modos de Iluminación imaginando que:

El color blanco de las vocales y la luna representa la *sabiduría parecida al espejo*, las consonantes rojas y la tonalidad rojiza del disco lunar representan la *sabiduría de la igualdad*.

Ahora, bajo el aspecto de *nada*, desciendes y te posas encima del disco lunar. Del *nada* emerge la gota, de ésta la media luna, de ésta la cabeza de la letra *ah*, de ésta el cuerpo principal de la *ha* y finalmente el *shabshyu*. Del *nada* pues ha surgido la sílaba *hum* en cinco etapas. Es importante sentir que, a partir del *nada, tú* te estás transformando en la sílaba *hum;* no lo ves desde la distancia.

Que el *nada* descienda al centro del disco lunar simboliza la concepción en el seno materno. El desarrollo gradual desde el *nada* en la sílaba *hum* simboliza el desarrollo del feto, que eres tú, en el seno materno. *Hum,* aquí simboliza la sabiduría no dual de Chakrasamvara, es blanca con tonalidad rojiza y se denomina el Sostenedor del Vajra causal. Visualizar así representa la *sabiduría del análisis individual.*

Imagina a continuación que, de *hum* –tú mismo–, emites rayos de luz y néctar hacia todas las direcciones en cuyas puntas hay incontables Herukas que se posan encima de las coronillas de todos los seres y les llenan de luz y néctar. Los obstáculos a la liberación y a la omnisciencia se disipan y todos ellos obtienen el estado de Heruka.

También salen rayos en forma de gancho invocando a las cinco deidades de Heruka de las tierras puras, de los ocho cementerios y de los veinticuatro lugares. Todas vienen encima a ti y debido a su abrazo se deshacen en bodhichitas que se disuelven en la *hum*– uno mismo– volviéndose de la naturaleza del gran gozo no dual. Este proceso representa la *sabiduría de llevar a cabo las actividades.*

Instantáneamente, el disco lunar, las vocales, las consonantes y la *hum* –uno mismo– se transforman en el mandala que contiene y en lo que es contenido de Heruka Chakrasamvara. Apareces con tu nuevo nacimiento bajo el aspecto de Heruka. Este proceso representa *la sabiduría del dharmadhatu* o esfera de la realidad.

Ahora piensa intensamente que eres el cuerpo, palabra y mente de Heruka y todas las dakinis y recitas *om ah hum.* El significado del segundo mantra es: *om,* primera letra del alfabeto, *sarva,* todos, *vira,* héroes, *yoguini,* heroínas, *kaya,* cuerpo, *waka,* palabra, *chitta,* mente, *vajra, atmako* shuddo ham. "Yo soy la naturaleza del cuerpo, palabra y mente *vajra* de todos los héroes y heroínas".

En cuanto al tercer mantra, *Om vajra shudho sarwa dharma vajra shudho ham* significa "Yo soy la naturaleza de la inseparabilidad del gran gozo y la vacuidad de todos los fenómenos". No hace falta hacer el mudra. Estos mantras nos recuerdan los tres orgullos divinos.

Desde el desarrollo de los cuatro elementos y el Monte Meru hasta la última forma de Iluminación cae dentro de la sección de llevar el renacimiento como sendero al cuerpo de emanación.

Simbolismo

Los cuatro elementos y el Monte Meru también representan nuestro padre y madre. El loto de sesenta y cuatro pétalos y el de ocho pétalos con el *vajra* cruzado representan los canales del padre y la madre.

Las treinta y dos vocales representan el fluido regenerativo del padre, y las ochenta consonantes representan la sangre de la madre. Cuando éstas se disuelven en el disco lunar y lo tiñen con una tonalidad rojiza, representa la mezcla del semen y la sangre. El *nada* que entra en el disco lunar representa el ser del bardo cuando entra en el seno materno.

Este proceso se practica en el estado de generación y es un adiestramiento para poder purificar la muerte, el bardo y el nacimiento básicos. Pero, como se ha dicho, lo que purifica directa y totalmente es el estado de consumación.

Según el estado de consumación, los cuatro elementos y el Monte Meru representan el cuerpo del meditador; los dos lotos y el vajra cruzado representan los canales dentro del cuerpo del meditador. Las consonantes representan el *tummo* en el ombligo, las vocales representan la gota blanca en la coronilla del yogui, la mezcla de vocales y consonantes en el disco lunar representa el derretimiento de la gota blanca por medio del encendimiento del *tummo*. Cuando el *nada* entra en el disco lunar representa los cuatro deleites de orden descendente y los cuatro ascendentes.

Según el estado de consumación este proceso simboliza la importancia de penetrar en los puntos vitales del cuerpo para experimentar los cuatro deleites y el gozo que comprende el vacío directamente.

La aparición del mandala completo representa el surgimiento del cuerpo ilusorio impuro y puro.

Contempla lo siguiente: Bajo el aspecto de Heruka Chakrasamvara, llevas el pelo recogido en forma de moño y coronado con una gema preciosa. En el lado frontal del moño hay un doble vajra cruzado y sobre el rostro de la izquierda una luna creciente. Llevas pendientes, un collar de ocho rosarios de huesos y otro, más largo, denominado el hilo del Brahman que rodea la parte posterior y anterior de tu tronco.

Llevas brazaletes en las muñecas, los antebrazos y dos tobilleras hechas de tres rosarios ensartados por vajras de tres puntas.

Vistes una especie de delantal de huesos formado por dieciséis rosarios de hueso. Del delantal, que llega hasta tus rodillas, cuelgan flequillos, unos forman una especie de curva y otros caen rectos, adornados en su vértice con campanillas y cascabeles.

Un collar de cincuenta cabezas frescas ensartadas por intestinos humanos llega hasta la rodilla.

El cuerpo del Padre está adornado con los seis mudras: 1) está untado con cenizas de huesos humanos, 2) ornamento de la coronilla con una gema en su extremo, pendientes, 3) hilo del Brahman, 4) brazaletes y 5) tobilleras, 6) una vestimenta inferior hecha de piel de tigre a modo de delantal.

Sin tener un modelo tridimensional es difícil explicar detalladamente la Mansión Celestial, la morada de Heruka Chakrasamvara, por ello solo lo explicaré de manera superficial.

Recuerda que encima de un loto de sesenta y cuatro pétalos, hay otro de ocho pétalos, encima de él un doble vajra plano cuyas cuatro puntas sobresalen de la mansión. En el centro de este doble vajra es donde debes imaginar la mansión celestial. Es cuadrada y con cuatro portalones, uno en cada lado con su pasillo correspondiente.

Cada pared o lado de la Mansión está formada por cinco capas hechas de diferentes joyas preciosas, desde el exterior al interior sus colores son, blanco, amarillo, rojo, verde y azul. Estas paredes son transparentes como el cristal y no impiden la visión.

Como decoración externa de la Mansión hay adornos en forma de bocas de cocodrilos del que cuelgan collares, redondos y, en forma de tiras de las que cuelgan campanitas, abanicos hechos de colas de animal, espejos, guirnaldas de flores, etc.

Bordeando la mansión, hay como *estupas* al revés y un adorno parecido a una almena. Encima de ella y en sus esquinas hay dos vasijas de oro, una con una bandera y otra con una bandera de la victoria.

En las cuatro esquinas de la mansión hay parasoles con collares de joyas sostenidos por monos que miran hacia el interior de la mansión.

El suelo alrededor de la mansión está repleto de piedras preciosas y allí, encima de pódiums rojos –"los pódiums rojos de los objetos de deseo"– se encuentran las dieciséis diosas que hacen ofrecimientos.

Desde cada portalón de entrada hacia afuera hay un pedestal cuadrado a cada lado del portalón (ver *mandala*) y en cada uno de ellos se levantan cuatro columnas verticales cuya base es parecida a una bumpa. Esto es la entrada del respectivo portalón de la mansión.

Encima de las columnas de cada portalón de entrada en su parte frontal, se levantan once travesaños en posición horizontal; una viga o travesaño de color dorado, encima de ella otra viga con decoraciones preciosas; otra de color rojo, una verde con huellas negras de herraduras de caballos. Encima de esta hay un espacio vacío formado por dos pilares que se levantan sobre la viga verde con herraduras, y sostenidas por dos chicas "devoradoras de olor". Encima de esa capa oscura hay otro travesaño hecho de joyas preciosas, encima del cual se levantan dos columnas nuevas, formando otro espacio vacío. Encima tiene tres capas o vigas preciosas y, por último, la onceava capa, una especie de barandilla a modo de balcón.

Encima de estas once vigas, que forman el portalón que hay en cada lado de la mansión, se encuentra una rueda del Dharma de doce o de ocho varillas o radios y mirando hacia ella, un ciervo macho a un lado y hembra al otro, (es el signo auspicioso para que los no budistas se vuelvan budistas).

Cada portalón está adornado con banderas y con monos sosteniendo parasoles. El portalón del Este está decorado con ruedas del Dharma blancas, el del sur con joyas amarillas, el del norte con flores de loto rojas y el del norte con espadas verdes.

Sin un modelo tridimensional es muy difícil explicar cómo es la azotea de la mansión. Aconsejo que cada estudiante trate de encontrar uno. Pero en ella hay adornos hechos de lapislázuli, sobre los que se levanta una pequeña casita rematada con la gema de nueve rostros rematada por un vajra. La casita guarda la escritura tántrica del *Tantra de Heruka Chakrasamvara*. El Palacio del Potala y muchos edificios religiosos tibetanos tienen el techo igual.

Dentro de la mansión donde te encuentras tú bajo el aspecto de Heruka hay ocho columnas, dos en cada esquina, de diferentes colores[11]. Las ocho columnas sostienen cuatro vigas preciosas redondeadas, de color azul con relieves en forma de vajras.

En el interior de la mansión celestial se encuentra un loto de ocho pétalos, cubierto por un disco solar. En los pétalos

11 Las del Este son blancas y están adornadas con ruedas, las del Norte verdes y están adornadas con dibujos de espadas, las del Oeste rojas y tienen dibujos de lotos y las del Sur amarillas y tienen joyas preciosas. Tienen cuatro lados.

de las cuatro direcciones hay un disco solar y encima de cada uno, un cadáver a modo de cojín. En los cuatro pétalos de las cuatro direcciones intermedias hay un cojín lunar, una *bumpa* llena de néctar y, sobre ella, un *kapala,* cráneo lleno de bodhichita.

El pétalo del noroeste es amarillo, el del noreste negro, el del suroeste es verde y el del sureste amarillo. Heruka y Vajra Yoguini están en el centro. Los pétalos de las cuatro direcciones principales son rojos.

En el pétalo del Este sobre un disco solar y un cadáver como cojín está Dakini negra. En el Norte está Lama, verde. En el Oeste Kandarohi, roja. En el Sur, Rupini, amarilla. Las Cinco Deidades de Heruka Chakrasamvara. Tienen un rostro, tres ojos, colmillos, cuatro manos, están desnudas y su pelo está suelto. Están adornadas con cinco mudras, cinco calaveras secas en la frente y un collar de cincuenta calaveras secas humanas. En sus manos derechas llevan un cuchillo curvo y un damaru y en las izquierdas un kapala y un kathanga. Su pierna derecha está estirada

Aunque la explicación se hace en etapas, las deidades y la mansión celestial se desarrollan simultáneamente. Mi consejo es leer la sección de la sadhana y el comentario acompañante para irte formando una idea para cuando hagas la práctica. Gradualmente puedes ir añadiendo más detalles.

Me he dado cuenta de que, en occidente, muchos estudiantes malinterpretan la práctica del tantra. Algunos creen que consiste en recibir cuantas más iniciaciones mejor, otros se contentan solo recitando el mantra; otros pretenden practicarlo sin tener un lama cerca, o yendo de un lama a otro sin ton ni son, y otros buscan practicar el estado de consumación y pretenden ir directamente al *tummo* y los canales, aires y gotas. Cualquiera de estas actitudes es contrario a la auténtica práctica que consiste en 1) recibir la iniciación,

2) pedir a alguien que consideres tu lama, el *lung* y el *tri*, es decir, la transmisión oral y el comentario de la sadhana, 3) estudiarla durante años y 4) practicarla a diario hasta tu muerte. Así es como practicaban los mahasidhas, quizás en occidente encontraréis una nueva forma de practicar, pero la práctica debe basarse en la devoción al gurú, por lo que es mejor seguir los consejos que os doy.

Después de todo, y tal como es preceptivo, sois vosotros que me habéis pedido que os conceda la iniciación, el *lung* y el *tri* o comentario, automáticamente esto hace de mi vuestro lama y, de vosotros, mis estudiantes. Sin sutra no hay tantra, y sin lama no hay ni el uno ni el otro.

El simbolismo del cuerpo de Heruka Chakrasamvara
El color de Heruka Chakrasamvara, es azul, como el lapislázuli. Su cuerpo azul, luminoso y transparente, representa la concentración sobre la vacuidad, dharmakaya. Su aspecto es majestuoso, y su porte es el de un eremita agresivo El rostro principal es de color azul, ligeramente más oscuro que el cuerpo. El rostro de la izquierda es verde esmeralda; el rostro posterior es rojo coral y el rostro de la derecha, amarillo como el oro puro. Los cuatro rostros están sostenidos por un cuello común. Cada rostro tiene tres ojos alargados y en su frente un rosario de vajras de cinco puntas.

Su pierna izquierda está ligeramente flexionada y pisa los pechos de Kalarati, roja de cuatro brazos, los dos primeros unidos, la mano derecha sostiene un kathanga y la izquierda un kapala. La pierna derecha extendida pisa la cabeza de Bhairawa, negro y de cuatro brazos, los dos primeros están unidos, una mano izquierda sostiene una espada y la derecha un damaru.

Heruka tiene doce brazos. Las dos primeras manos de Heruka sostienen un vajra dorado en la derecha y una campana de mango de oro en la izquierda y abrazan a la consorte, justo por debajo de sus senos.

Las dos segundas manos están alzadas al nivel de las cejas y sostienen la piel de un elefante blanco que cae sobre su espalda.

La tercera mano derecha sostiene un damaru, hecho de hueso de cráneo; la cuarta un hacha con la empuñadura adornada con medio vajra de cinco puntas; la quinta un cuchillo curvo y en la sexta un tridente.

La tercera mano izquierda sostiene un kathanga de ocho lados cuyo extremo superior está adornado con un vajra azul de cinco puntas, una cabeza humana seca de color blanco, una media seca roja y otra fresca azul oscuro y simbolizan el cuerpo, palabra y mente de Heruka. Debajo de la cabeza azul hay un *vajra* cruzado que simboliza las cuatro actividades (pacificar, aumentar, controlar e iracunda). Debajo del vajra cruzado hay una bumpa amarilla llena de néctar. En el kathanga hay una bandera de tres tiras de las que cuelgan campanas y damarus diminutos. El extremo inferior del kathanga está adornado con medio vajra.

La cuarta mano izquierda sostiene un kapala lleno de sangre. La quinta sostiene un lazo negro con medio vajra en cada punta. La sexta sostiene las cuatro cabezas amarillas de Brahma.

La cabeza está adornada con cinco cráneos unidos en la parte superior e inferior por vajras negros. Los cinco cráneos en su frente simbolizan que desde el estado de luz clara aparece el cuerpo ilusorio. Los rosarios de vajras negros simbolizan que Heruka mora en las cinco sabidurías, en luz clara. El moño simboliza que sus cualidades aumentan por medio de las seis perfecciones.

El vajra sobre el moño simboliza que satisface los deseos de los seres por medio de las cuatro actividades.

La luna creciente en la coronilla simboliza que la fuente del gran gozo reside allí.

Sus cuatro rostros simbolizan las cuatro puertas a la liberación: la del vacío, ausencia de signos, de deseo y del no producto. Los tres ojos simbolizan la comprensión de los fenómenos del pasado, presente y futuro. El pelo de Heruka va recogido en un moño superior adornado con un vajra cruzado vertical. En el lado izquierdo del moño hay una luna creciente.

De cintura para abajo viste una piel de tigre y se adorna con un rosario de cincuenta cabezas frescas humanas ensartadas por un intestino humano que le llega hasta la rodilla.

Las doce manos simbolizan la purificación de los doce vínculos.

Pisar a los dos seres iracundos simboliza que Heruka está libre de los dos extremos: samsara y Nirvana.

Sostener vajra y campana con el mudra del abrazo simboliza la no dualidad del gran gozo y el vacío.

El damaru simboliza el recordar a los budas, el gran gozo.

El hacha simboliza cortar las faltas del cuerpo, palabra y mente.

El cuchillo curvo simboliza cortar las concepciones extremas.

El tridente simboliza el abandono de los engaños de los tres reinos. El kathanga y el kapala simbolizan que, una vez la gota blanca se derrite se experimenta el gran gozo.

El lazo simboliza que cuida a los seres conscientes con la compasión. Y por medio del gran gozo no dual une su continuo mental con el de los demás.

La cabeza de cuatro rostros amarillos de Brahma simboliza la experiencia de la Budeidad. Los rostros cambiantes simbolizan mantener la visión correcta.

Los cuatro colmillos de Heruka simbolizan la destrucción de los cuatro maras.

Los nueve modales son de la naturaleza de (las cinco sabidurías) y simbolizan las cinco partes de la permanencia apacible y las cuatro deidades, (Chema, Mamaki, Kokarma y Drolma) las cuatro partes de la visión superior. Simbolizan la posesión de todas las cualidades de la permanencia apacible y la visión superior de los tres vehículos

La piel de tigre simboliza la eliminación de los engaños y también que, al principio, en el estado de generación no se pueden abandonar engaños, pero se pueden refrenar.

El collar de cabezas frescas simboliza el método y sabiduría. La sabiduría no dual inducida por la mezcla de la gota blanca y roja.

Los seis adornos, mudra, simbolizan las seis perfecciones.

La ceniza sobre Heruka simboliza que la bodhichita blanca se deshace e induce el gran gozo que impregna todos los canales.

Abrazar a la consorte simboliza la unión del gran gozo y el vacío. Y también que, para obtener esta unión, se requiere encender el *tummo* o fuego interno, como causa interna, y tener una consorte como causa externa.

La piel del elefante simboliza la eliminación de la ignorancia que concibe la sustancialidad de los fenómenos. La piel del elefante simboliza que cuando en el estado de consumación obtiene sabiduría no dual se elimina el aferramiento a la sustancialidad.

La luna creciente, el kapala, el kathanga, los cuatro rostros, el vajra y la campana simbolizan las cuatro puertas a la Liberación y las cinco sabidurías.

El damaru simboliza que induce el gran gozo de los budas con el sonido.

El hacha simboliza que corta las faltas de las tres puertas.

El cuchillo curvo simboliza que elimina concepciones extremas.

El tridente simboliza que elimina los engaños de los tres reinos.

Pisar las dos deidades simboliza que la sabiduría no dual elimina los extremos.

La cabeza de Brahma y la diadema de cabezas secas simbolizan que el practicante ha llegado al estado de Heruka y que siempre beneficia a los demás.

Las caras de expresiones diversas de Heruka simboliza el apartarse de las visiones erróneas

El vajra cruzado, los rosarios de vajras negros y los tres ojos simbolizan que los tres ojos ven los fenómenos de los tres tiempos. Heruka usa las cuatro actividades según las necesidades de los demás

Contemplar los simbolismos nos ayuda a madurar nuestra virtud rápidamente y a experimentar el estado de Heruka.

Alrededor de la muralla de vajras, están los fuegos y los cementerios. Es importante comprender las descripciones del *mandala*, en especial la verja, fuegos y cementerios según el comentario de Heruka porque así podrás mejorar los detalles de la práctica de Vajra Yoguini ya que en su comentario no se explica tan detalladamente.

Las direcciones de la mansión se rigen por el color de los pórticos. El Este, blanco; el Norte, verde; el Oeste rojo; el Sur amarillo[12].

En el *Tantra Madre* se disponen los cementerios en sentido levógiro. El del Este se denomina Intensamente Feroz; el del Norte, La Jungla de la Montaña Elevada; el del Oeste Vajra Ardiente; el del Sur, el Que Tiene Esqueletos.

Los de las direcciones subcardinales se han de disponer en el sentido horario. El del Noreste, es Risa Intensamente aguda, la Risa Iracunda; el del Sureste, Bosque Auspicioso; el del Suroeste, el Atemorizante Oscuro; y el del Noroeste, el Que Resuena con el Grito kili kili.

En los cementerios hay cadáveres en diversas posiciones, caminando, corriendo, tumbados. En cada uno de ellos hay

---

12 En el *Tantra Madre* cuando se explican las direcciones se empieza en sentido opuesto a las agujas del reloj: Este, Norte, Oeste y Sur. Mientras que en el Tantra Padre, se empieza en dirección a las agujas del reloj: Este, Sur, Oeste y Norte.

un árbol, protectores de las direcciones, pájaros diversos, buitres, búhos, lobos, leones, tigres y enormes serpientes con cabeza de toro; zombis, caníbales que comen intestinos y beben sangre mientras dicen "kili kili". Hay yoguis del estado de generación en concentración unipuntualizada en Heruka y su mandala. Van desnudos con el pelo suelto y los cinco adornos de hueso, sostienen grandes damarus y kapalas. Algunos yoguis caminan, otros están sentados. También hay yoguis altamente realizados, con elevadas experiencias del estado de consumación y a punto de obtener la Iluminación.

En tu práctica has de ir, gradualmente, construyendo tu mundo de deidad.

En el cementerio del Este se encuentra el árbol Nagar Kesar en cuya base vive el guardián direccional, Indra que es amarillo, con un rostro y cuatro brazos; dos manos en el mudra de la oración y las otras dos sostienen un vajra, un cráneo y abraza a su consorte. Monta un elefante blanco. Encima del árbol hay un guardián local con cabeza de elefante, su mano izquierda sostiene un cráneo a la altura del corazón y la derecha sostiene una torma. Hay un lago en el que vive el naga Norgye, la mitad de su cuerpo sale del agua y sostiene una gema. En el cielo de este cementerio se puede ver la nube tenebrosa llamada "la nube que hace el sonido del trueno". Hay una enorme montaña coronada por una estupa blanca. Tanto en éste como en los demás cementerios se ha de visualizar una hoguera.

En el cementerio del Norte está el árbol Ashvadatha y en su base el guardián direccional, Vaishravana amarillo, montado sobre un ser humano. Tiene cuatro manos, dos de ellas en el mudra de la oración y las restantes sostienen una mangosta y un kapala. Está abrazado a su consorte. El guardián local, encima del árbol, tiene cabeza humana. El naga del rio es Jog Po. El nombre de la nube es "la que hace el sonido del trueno más fuerte". El nombre de la montaña es Mandara.

En el Oeste está el árbol Kankala. El guardián direccional del agua, de color blanco, monta un cocodrilo y tiene cuatro manos, dos en el mudra de la oración; las restantes sostienen serpientes y abraza a su consorte. La cabeza del guardián local es de cocodrilo, de color rojo. El naga es Kakota, cuyo cuerpo, como el del resto de los nagas, también sobresale del agua. El nombre de la nube es "la tenebrosa" y el de la montaña Kailash, de color blanco.

El árbol del Sur es Chuta y en su base el guardián direccional Kalarupa que es azul y monta un búfalo. Tiene cuatro manos, dos en el mudra de la oración y las otras dos sostienen un cráneo y un bastón. Está abrazado a su consorte. El guardián local tiene la cabeza de búfalo. El naga es Pema Karpo, la nube es Yoa (la que se mueve) y la montaña es Malaya, de color amarillo.

El árbol en el Noreste es Pratra. El guardián direccional es Ishvara blanco que monta un buey. Tiene cuatro manos, las dos primeras en el mudra de la oración y las dos segundas sostienen un tridente y un kapala. El guardián local tiene cabeza de buey y es de color blanco. El naga del lago es Pema Chenpo de color blanco, la nube es Tenpa (estabilidad) y la montaña es Wangchen, negra.

En el Sureste está el árbol Karenja. El guardián direccional es la diosa del fuego roja, monta una cabra. Sus dos primeras manos en el mudra de la oración y las dos segundas sostienen un rosario y un jarrón. El guardián local tiene la cabeza de cabra y es de color rojo. El naga es Tungshom y es amarillo, la nube es Kangwa. La montaña es amarilla, "la fragancia dulce del incienso".

En el Suroeste el árbol es Pata Parka, el guardián direccional es un caníbal azul que lleva un rosario con cráneos humanos como semillas, monta un zombi, las dos primeras manos en el mudra de la oración y las dos segundas sostienen una espada y un cráneo y abraza a su consorte. El guardián local es negro y con cabeza de zombi. El naga es Rigden, de color blanco. La nube es Bema, la que lleva la lluvia y la montaña es Kangchen, la que lleva la nieve.

En el Noroeste el árbol es Partipa en cuya base se encuentra el dios del aire. El guardián direccional, es de color ahumado y monta un ciervo; las dos primeras manos están en el mudra de la oración y las dos segundas sostienen una bandera y un cráneo. El guardián local es de color verde y su cabeza es de ciervo. El naga es Taye de color rojo y la nube es Tumbo, o Muy Atemorizante ya que produce truenos, rayos y relámpagos. La montaña es Pal Khiri y es azul.

Los cementerios tienen un simbolismo relativo a las etapas del sutra y del tantra que se pueden consultar en el *Tantra de Heruka Chakrasamvara*. De modo resumido, los cementerios son de la naturaleza del gozo y vacío de Heruka; los cadáveres simbolizan la impermanencia y las desventajas del samsara, enfermedades, envejecimiento, muerte, volver a nacer. El lago simboliza la bodhichita convencional, el naga las seis perfecciones y la joya sostenida por el naga los cuatro modos de reunir discípulos. Los animales salvajes representan las experiencias del estado de generación, y que se coman los cadáveres simboliza que has de destruir la apariencia y concepción ordinaria por medio del estado de generación. El árbol simboliza el canal central. El guardián direccional en su base simboliza el aire que vacía hacia abajo. Y el guardián local o regional encima del árbol simboliza el aire que sostiene la vida en el corazón. El fuego en la base de la montaña simboliza el tummo en el ombligo, y la nube simboliza la bodhichita blanca en el chakra de la coronilla. Los ocho cementerios simbolizan los cuatro deleites ascendente y descendiente. La montaña simboliza el equilibrio inamovible meditativo del gran gozo espontáneo mezclado con la vacuidad y la estupa encima de la montaña representa los tres cuerpos de un buda.

Las nueve naturalezas de Heruka Chakrasamvara
El cuerpo de Heruka de pie, de modo orgulloso, representa la naturaleza de la "altivez". Pisar a Bhairawa y Kalarati simboliza la altivez "heroica". Las arrugas a causa de la ira representan la naturaleza "repulsiva". Estos son las tres naturalezas físicas.

Su rostro sonriente es la naturaleza "de la risa". Los cuatro colmillos representan la naturaleza "iracunda". La lengua enroscada hacia arriba es la naturaleza "atemorizante". Estas son las tres naturalezas verbales.

Sus ojos largos y estrechos representan la naturaleza "compasiva". Sus ojos plenamente abiertos es la naturaleza maravillosa". Mirar con el rabillo de sus ojos a la madre representa la naturaleza "pacífica". Estas son las tres naturalezas mentales.

Heruka abraza a Vajra Yoguini que es de color rojo coral. Ella tiene tres ojos y sus pechos son exuberantes; de su vagina emergen unas gotas de sangre. Es muy sensual, está desnuda y su pelo cae suelto por su espalda. Sus dos manos rodean el cuello de Heruka.

Su mano izquierda sostiene un kapala lleno de sangre que ofrece al rostro posterior de Heruka. Su mano derecha sostiene un cuchillo curvo con un mudra amenazador. Arde como el fuego del final del eón y sus dos pantorrillas están firmemente agarradas a las caderas del Padre.

Lleva los cinco adornos y un collar de cincuenta cabezas secas. Los tres ojos simbolizan que comprende los fenómenos del pasado, presente y futuro. La desnudez de su cuerpo simboliza la eliminación completa del aferramiento a la sustancialidad.

Las dos manos simbolizan la luz clara del significado y el cuerpo ilusorio. El kapala, lleno de sangre e intestinos en su mano izquierda, simboliza la destrucción de los cuatro maras. El cuchillo curvo simboliza la eliminación completa de las dos obstrucciones por medio de la sabiduría no dual.

Que su cuerpo arda con un fuego similar al del final de un eón simboliza el incremento constante del tummo en su cuerpo. Sus dos pantorrillas agarradas a las caderas de Heruka simbolizan que proporciona el gran gozo que comprende el vacío. El color rojo de su cuerpo simboliza que tiene la gran compasión y quiere ayudar a todos los seres. La ausencia de cenizas de cuerpo humano simboliza que carece de la gota blanca que impregna todo su cuerpo. Tanto Heruka como Vajra Yoguini residen en medio de un fuego de sabiduría.

Bendiciones y ofrecimientos

Seguidamente se bendice el cuerpo de Heruka Chakrasamvara
y la sadhana sigue así:

Bendecir los cuatro chakras
Sobre el disco lunar en el ombligo y corazón del Padre y en el
de la garganta y frente de la Madre, están el mantra esencia y el
mantra próximo a la esencia de la Madre.

En el disco solar en el ombligo y corazón de la Madre y en la
garganta y frente del Padre, están el mantra esencia y el próximo
a la esencia del Padre.

Los mantras son de color rojo y están situados uno frente al
otro. Piensa que los rayos de luz que salen de ambos mantras se
interconectan.

Bendecir los lugares secretos del Padre y la Madre
De *hum* en el lugar secreto del Padre aparece un vajra blanco de
cinco puntas. De la letra *baya* aparece una joya (pene) marcada
con un vajra amarillo.

De *ah* roja en el lugar secreto de la Madre aparece un loto
(vagina) de tres pétalos. De la letra *daya* aparece un estambre
blanco con la marca de una *daya* amarilla en su centro.

Om ah hum

Se abrazan y los cuatro tipos de deleite son inducidos de forma
progresiva. La mezcla inseparable de gozo y vacuidad nacidos
espontáneamente es de la naturaleza de los treinta y siete aspectos
de la Iluminación y en apariencia son las cinco deidades en el
espacio como un arco iris.

El comentario a esta sección es así:

En la zona del ombligo del Padre se visualiza un cojín lunar como un espejo en posición vertical, que refleja el mantra esencia de Vajra Yoguini, como si estuviese reflejado en el disco lunar. En su corazón hay otro que refleja el mantra próximo a la esencia de la consorte. En la garganta imagina un disco solar con el mantra esencia del padre y en la frente o coronilla el mantra próximo a la esencia del Padre.

En la zona del ombligo de la consorte hay un disco solar con el mantra esencia del Padre y en el corazón otro disco solar con el mantra próximo a la esencia del Padre. En la garganta hay un disco lunar con el mantra esencia de la Madre y otro en la frente con el mantra próximo a la esencia de la Madre.

Los cojines solares simbolizan la sabiduría del vacío y los cojines lunares el gran gozo. El mantra esencia del Padre y el de la Madre se dan la cara. De estos mantras, rojos y en sentido levógiro, salen rayos de luz roja en forma de ganchos que se entrelazan.

La unión de Heruka y Vajra Yoguini

Para bendecir el espacio –la vagina de Vajra Yoguini– y lo secreto –el pene de Heruka– imagina que la apariencia y concepción ordinarias del órgano sexual de Heruka se disuelve en el vacío de existencia sustancial o intrínseca.

Desde este espacio aparece la sílaba *hum* blanca que se deshace en luz, dando lugar al órgano masculino, una estructura externa en forma de pene, pero, internamente, aloja un vajra de cinco puntas de color blanco. En el centro de la punta del vajra hay un pequeño agujero rematado con la letra roja *baya* que se transforma en una joya roja cuyo extremo, también agujereado, aloja la letra *baya* amarilla.

El cuerpo principal –*ba*– está ubicada dentro del agujerito y la parte inferior –*ya*– sobresale un poco hacia fuera. El pene, o vajra, se llena de gotas blancas y la gema roja en su punta se llena de gotas blancas con tonalidad rojiza.

La *baya* amarilla que bloquea el agujero simboliza el aire que vacía hacia abajo e indica que mientras se retengan las gotas blancas allí, habrá gozo, pero si salen se perderá.

La apariencia y concepción ordinarias del lugar secreto –la vagina– de Vajra Yoguini se disuelve en la vacuidad de donde aparece una *ah* roja que se transforma en una vagina con la apariencia de un loto de tres pétalos con un agujerito en su estambre rojo y señalado con la letra *daya* de color blanco. *Da* está dentro del agujero y *ya* sobresale.

Daya se transforma en un centro blanco con estambres – formando el clítoris–. Este centro blanco tiene un agujerito en cuyo extremo hay una *daya* amarilla –media letra por dentro del agujero y media por fuera– emitiendo rayos de luz que impiden la liberación de las gotas. El loto de la consorte – la vagina– está lleno de gotas rojas, y el estambre o clítoris lleno de gotas rojas con un ligero tono blanco. Los tres pétalos simbolizan los tres canales principales y la *daya* amarilla el aire que vacía hacia abajo.

A continuación, recitas: *om shri maha suka vajra he he ru ru kam ha hum hum phe soha* cuyo significado es: "establece el fundamento del gran gozo indestructible del señor que bebe sangre (Heruka)". También puedes recitar, como en la sadhana: om, ah, hum.

Mientras lo recitas ten en mente las características del abrazo sexual –abrazarse, besarse, moverse, mantener posturas eróticas, etc– lo cual provocará que una gota blanca de la coronilla se desprenda y descienda; al llegar a la garganta experimentas deleite; cuando llega al corazón, deleite supremo; al llegar al ombligo, deleite extraordinario y al llegar a la punta del órgano sexual, gran gozo simultáneo.

Cuando las gotas llegan a las puntas de los órganos respectivos imaginas que la gota en la punta del órgano sexual queda retenida. Piensa que no sólo uno mismo –Heruka– sino también la consorte experimenta los cuatro deleites. Los cuatro deleites son físicos e inducen el gran gozo mental.

Al llegar al cuarto deleite del orden descendente, el gran gozo, has de imaginar que tus gotas no salen. Puesto que está en abrazo sexual con Vajra Yoguini, las puntas del canal del meditador y el de la consorte –los rayos de luz de los extremos de los órganos sexuales– se tocan. Esta conexión se denomina "la posición vajra del canal"; que las gotas no salgan es "la posición vajra de la gota".

Una vez experimentados los cuatro deleites del orden descendiente imagina que haces subir la gota, desde la punta del órgano sexual hasta la coronilla para así saborear los cuatro deleites del orden ascendente y experimentar de nuevo el gran gozo que medita en el vacío. Los deleites que se experimentan en el ascenso son más intensos que los provocados por el descenso. Cuando el meditador hace esta práctica se ha de determinar fuertemente a no liberar las gotas, ya que no habría posibilidad de experimentar los deleites del orden ascendente.

El abrazo con la consorte induce el gran gozo y la disposición de los mantras significa la eliminación de las semillas de los cuatro maras. Los principiantes tienen una semilla del demonio Devaputra en su coronilla, una semilla de engaños en sus gargantas, una semilla del Señor de la Muerte en su corazón y una semilla del agregado en el ombligo.

Así pues, bajo el aspecto de Heruka imagina que estás en abrazo con Vajra Yoguini y sientes un fuerte deseo sexual hacia ella. Si te resulta difícil generar este deseo sexual hacia Vajra Yoguini los textos tántricos señalan que es permisible imaginar a una mujer que nos lo haga surgir como soporte de la visualización, siempre y cuando la reconozcas de la misma naturaleza que Vajravarahi. Lo mismo ocurre a la inversa, si la practicante es femenina. Se puede enriquecer el fuerte deseo sexual imaginando que el/la consorte lleva a cabo las diferentes artes del amor. Una vez manifestado el deseo sexual se genera gran gozo que percibe el vacío directamente y piensas que has generado la sabiduría no dual.

Reconocer todo lo que se percibe y se hace como manifestación de la sabiduría del gran gozo y el vacío es una característica exclusiva del tantra superior porque en los tantras inferiores no se hace esta práctica.

La mente del gran gozo y el vacío es la mente Iluminada de Heruka que consta de treinta y siete aspectos en términos de sus actividades y se manifiestan como treinta y siete deidades, como sesenta y dos, o como cinco deidades, que serían las Cinco Deidades de Heruka. Los treinta y siete aspectos de la mente de Heruka son los cuatro emplazamientos cercanos de la atención:

> Cuando la atención sobre el cuerpo se manifiesta
> como deidad es Dakini.
> Cuando la atención sobre la sensación se manifiesta
> como deidad es Lama.
> Cuando la atención sobre los fenómenos se
> manifiesta como deidad es Kandarohi.
> Cuando la atención sobre la mente se manifiesta
> como deidad es Rupini.
> Cuando la concentración pura se manifiesta
> como deidad es el Glorioso Heruka.

La siguiente sección de la sadhana reza así:

Poner la armadura
Sobre la luna en el corazón están en blanco *om ah*, naturaleza de Vajrasatva. Sobre el sol en la cabeza están en amarillo *nama hi*, naturaleza de Vairochana. Sobre el sol en la coronilla están en rojo *soha ho*, naturaleza de Padmashora. Sobre el sol en los hombros están en negro *bokhet he*, naturaleza del glorioso

Heruka. Sobre el sol en los dos ojos están en color naranja *hum hum ho*, naturaleza de Vajrasurya. Sobre el sol en la frente están en verde *phet hum*, naturaleza de Hayagriva.

Sobre el sol en el ombligo de la Dama principal están en rojo *om bam*, naturaleza de Vajravarahi. Sobre el sol en el corazón están en azul *ham yom*, naturaleza de Yamani. Sobre la luna en la garganta están en blanco *hrim mom*, naturaleza de Mohani. Sobre el sol en la cabeza están en amarillo *hrim hrim*, naturaleza de Sachalani. Sobre el sol en la coronilla están en verde *hum hum*, naturaleza de Samtrasani. Sobre el sol en la frente están en color ahumado *phet phet*, naturaleza de Chandika.

Forma breve de poner la armadura
Las dos deidades están marcadas sobre la luna en la coronilla con *om* blanca, sobre el loto de la garganta con *ah* en rojo y sobre el sol del corazón con *hum* azul.

Invocar a los seres de sabiduría

Phem
Rayos de luz salen de la letra *hum* en el corazón invitando a los seres de sabiduría, deidades de iniciación y diosas de ofrecimiento. Los rayos de luz finalmente regresan a mi corazón.

Om kandarohi hum hum phet

(El mantra disipa los obstáculos inducidos al invitar a los seres de sabiduría)

Om argham pratitza ah hum

Dza hum bam ho

(Nos volvemos no duales)

Om yoga shudha sarwa dharma yoga shudho ham

Conceder la iniciación

Om argham pratitza ah hum

"Oh, vosotros todos los Tathagatas, por favor concededme la iniciación.

(Suplicado de este modo)

Om sarwa tathagata abikekata samaya shiye hum

Diciendo esto, conceden la iniciación con lo que la coronilla de la deidad principal está adornada con Vajrasatva. Vajravarahi está adornada con Akshobya, y la diosa Dakini junto con las tres restantes, están adornadas con Ratnasambhava. Finalmente, las deidades de iniciación se disuelven en mí.

Lo que has de hacer en esta sección de la sadhana viene en el comentario siguiente:

En el pasado, cuando un soldado iba a la guerra se ponía una armadura para protegerse de los ataques. De la misma manera, durante el estado de generación, el practicante se pone una armadura para protegerse de diferentes obstáculos. Hay una manera breve y una de extensa para ponerse la armadura. En la extensa el meditador señala sobre su cuerpo seis deidades diferentes con tres rostros y seis manos.

En la breve se visualiza un disco lunar vertical en tu chakra del corazón, entre la piel y la carne, marcado con *om ha* cuya naturaleza es Vajrasatva blanco.

En la frente un disco solar con *nama hi* amarillas, de la esencia de Vairochana.

En la coronilla sobre un disco solar, *soha hu*, en rojo de la naturaleza de la deidad Padmashora. Un disco solar en cada hombro con las silabas *bokhet he*, negras y de la naturaleza de Heruka.

En ambos ojos hay discos solares con *hum hum ho* de color naranja y de la naturaleza de Vajrasurya.

En el entrecejo un disco solar con *pet ham* verde de la naturaleza de Hayagriva. Éstas son las seis sílabas que sirven como armadura para proteger al Padre.

En el ombligo de la Madre están las sílabas rojas, *om bam* sobre un disco solar y de la naturaleza de Vajravarahi, en el corazón sobre un disco solar *ham yom* de color azul y de la naturaleza de Yamani. En la garganta sobre un disco lunar se encuentran *hrim mom* blancas, de la naturaleza de Mohini, en la cabeza y sobre un disco solar *hrim hrim*, amarillas de la naturaleza de Sachalani, en su coronilla y en un disco solar, *hum hum* verde de la naturaleza de Samtrasani. En el entrecejo sobre un disco solar están *phe phe* de color ahumado y de la naturaleza de Chandika.

Invocar a los seres de sabiduría

Invita a los seres de sabiduría para que entren en ti –el ser de compromiso. En otros tantras, después de invitar a los seres de sabiduría, hay maneras específicas para invitar a las diosas de iniciación y de ofrecimiento, sin embargo, aquí vienen todos al mismo tiempo.

Por medio de concentración, mudra y mantra invoca a los seres de sabiduría y las diosas de iniciación. El mantra es *phem* y el mudra es el de "la llama". Aquí "concentración" es imaginar en tu corazón y en el de las deidades la sílaba *hum* azul de las que salen rayos de luz en forma de gancho para atraer a estos seres supremos.

Para hacer el mudra, afloja la posición de las piernas cruzadas, coloca el dedo gordo del pie izquierdo sobre el de la derecha, el dedo índice de la mano izquierda sobre el de la derecha, interconectándose, se juntan los dos pulgares y se levantan las manos a la altura del entrecejo, bajas la mirada, haces girar el mudra en el lado izquierdo en sentido horario, a la vez que se levanta la mirada, luego se hace lo mismo en el lado derecho en sentido levógiro, se levanta la mirada y se pronuncia *phem* en voz alta.

Se recita *hum* enérgicamente que es el mantra de los cuatro rostros, llamado así porque lo recitan los cuatro rostros de Heruka y piensas que todas las interferencias son eliminadas. Aunque en realidad los budas no tengan interferencias, las mentes supersticiosas de los seres las crean y con *hum* las eliminas.

Con esta invocación, todos los seres iluminados bajo el aspecto de Heruka y Vajra Yoguini, así como diosas de iniciación llegan delante de ti en el espacio. Los innumerables seres de sabiduría se funden hasta quedar sólo un grupo frente a ti en el espacio.

A continuación, recita *om argham pratitza soha* y con ello ofreces agua para beber a los seres de sabiduría.

Del corazón de Heruka –uno mismo–, salen rayos de luz y recita, *om vajra akusha dza* mientras imagina que una deidad sostiene un gancho que levanta al aire y el ser de sabiduría viene hacia tu cabeza.

Después, vuelves a recitar como Heruka, *om vajra pasha hum* e imagina una diosa que levanta un lazo corredizo y atrapa al ser de sabiduría atrayéndolo hacia el interior de tu cuerpo. Cuando el ser de sabiduría se disuelve en el de compromiso, que eres tú mismo, es como verter leche en el agua, que al principio no está completamente mezclada.

Cuando tú –Heruka– recitas el tercer mantra, *om vajra pota bam*, una diosa sostiene una cadena levantada e imagina que el ser de sabiduría se mezcla por completo en el ser de compromiso.

Al recitar *om vajra guenda ho* la cuarta diosa sostiene una campana levantada y los seres de sabiduría residen con gran alegría dentro del ser de compromiso.

Los seres de sabiduría y su mandala se han mezclado completamente en el ser de compromiso –tú mismo como Heruka y el mandala. Las cuatro deidades, la consorte Vajra

Yoguini y uno mismo, Heruka, os habéis convertido en la síntesis de todos los budas.

Seguidamente visualiza un disco lunar con una *om* en la coronilla de cada deidad, una *ah* en la garganta sobre un loto y una *hum* sobre un cojín solar en el corazón; así tú, Heruka, el ser de compromiso, eres bendecido con el cuerpo palabra y mente de todos los budas.

Recita, *om yoga shuddo sarwa dharma yoga shuddo ham* que significa "El yoga de la pureza de todos los fenómenos soy yo, la talidad de los fenómenos y el gran gozo que la realiza son inseparables". Dicha inseparabilidad es el Heruka definitivo. Este gran gozo y vacío manifestado como una deidad de cuatro rostros y doce brazos es el Heruka interpretativo.

A continuación, recitas tres grupos de mantras:

Om ah hum, cuerpo palabra y mente.

Om sarwa vira yoguini kaya vaka shita vajra shobawa atmako ham y generas orgullo divino de ser el rupakaya de Heruka inseparable de los tres cuerpos de todos los Budas.

Om vajra shudda sarwa dharma vajra shuddo ham y generas orgullo divino de ser el dharmakaya.

Cuando se recitan estos mantras se hace el mudra del loto que gira, también denominado el mudra que da la esencia y se concluye con el mudra del abrazo.

A continuación, ofreces a las diosas de la iniciación. Recitas *om argham pratitza ah hum* para hacer el ofrecimiento de agua fresca para beber a las diosas que han de conceder la Iniciación. Les suplicas a ellas y a todos los Tathagatas que concedan la iniciación.

Seguidamente, las ocho diosas de las ocho puertas se llevan todas las interferencias, los héroes cantan canciones auspiciosas y las heroínas cantan canciones vajra cuyo tema es la vacuidad.

La deidad principal Heruka en el espacio, delante de ti genera la intención de conceder la iniciación y las cuatro diosas y Vajravarahi que sostienen bumpas llenas de néctar lo vierten a través de tu coronilla mientras recitan, *om sarwa tathagata abikekata samaya shriye hum*. El néctar entra en tu cuerpo, todas las negatividades, obstrucciones y enfermedades son eliminadas y Heruka y séquito experimentan gran gozo. Así recibes la iniciación.

El néctar que rebosa de tu coronilla de Heruka se transforma en Vajrasatva[13]. El que sobresale de la coronilla de Vajravarahi se transforma en Akshobya, el de la diosa Dakini en Vairochana, el de Lama en Amogasidhi, el de Kandarohi en Amitabha y, el de Rupini en Ratnasambhava.

De este modo las Cinco Deidades están adornadas con los diferentes linajes de buda. Esta práctica causa obtener el cuerpo de la forma y el cuerpo de sabiduría de verdad de Heruka.

Por último, las diosas de iniciación se disuelven en ti.

El motivo por el que se recibe la iniciación en este punto es purificar tu cuerpo, palabra y mente, eliminar concepciones y apariencias ordinarias, y te vuelve un receptáculo apto para recitar y meditar en esta práctica, para restaurar las transgresiones de votos y compromisos y establece una semilla para recibir la iniciación de la luz clara.

Adornarse con el Señor del Linaje deja una semilla para conseguir la protuberancia (ushnisha) en la coronilla de tu estado de buda resultante.

---

13 En la práctica de Vajra Yoguini sólo hay una deidad que, en realidad, es la sabiduría gozosa que comprende el vacío de existencia intrínseca, y se adorna con el Linaje de Vairochana. Representa que el cuerpo de sabiduría de verdad está adornado con el cuerpo de la forma. Vairochana representa la pureza del cuerpo de todos los budas.

Seguidamente haces los ofrecimientos que, en la sadhana, viene con estas palabras

Ofrecimientos externos
Om sarwa tathagata argham pratitza soha
Om sarwa tathagata padyam pratitza soha
Om vajra pupe ah hum soha
Om vajra dhupe ah hum soha
Om vajra diwe ah hum soha
Om vajra gandhe ah hum soha
Om vajra newide ah hum soha
Om vajra shapta ah hum soha

Ofrecimientos internos
A la boca de mi glorioso, sagrado y enormemente bondadoso lama raíz y a la de los gloriosos y sagrados lamas del linaje.

Om ah hum

Om hri ha ha hum phet

Om sarwa buda dakiniye vajra varnaniye hum hum phet om ah hum

Om dakiniye hum hum phet om ah hum
Om lame hum hum phet om ah hum
Om kandarohi hum hum phet om ah hum
Om rupini hum hum phet om ah hum

A las bocas de la comitiva celestial de la deidad meditacional om ah hum.
A las bocas de todos los guardianes poderosos y a la de los protectores del Dharma om ah hum.
A las bocas de los héroes, heroínas, guardianes direccionales, guardianes locales, nagas y demás om ah hum.
A las bocas de los poseedores de los territorios, en los que moráis permanentemente y a la de todos los seres conscientes transformados en la deidad om ah hum.

Ofrecimiento secreto y de la talidad
El Padre y la Madre entran en el abrazo y generan los cuatro deleites del gozo que nace simultáneamente y se deleitan con el ofrecimiento de la talidad.

Ofrecimiento de los mantras
Om shri vajra he he ru ru kam hum hum phet dakini dzala shamvaram soha
Om vajra berotzaniye hum hum phet soha
Om dakiniye hum hum phet
Om lame hum hum phet
Om kandarohi hum hum phet
Om rupiniye hum hum phet

Las ocho líneas de alabanza al Padre
Om namo bhagawati wire shaya *hum hum phet*
Om maha kalwa agni samni bhaya *hum hum phet*
Om zata mugutra kortaya *hum hum phet*
Om damta katra lotra bikhana mukhaya *hum hum phet*
Om sahara bhunza bhasuraya hum hum phet
Om para shuwa shodhada shula kathanga dharini *hum hum phet*
Om bhaga zinam wara daraya *hum hum phet*
Om maha dhuma andha kara wawukaya *hum hum phet*

Las ocho líneas de alabanza a la Madre
Om namo bhagawati vajra varahi bam *hum hum phet*
Om namo arya aparadzite tre lokya mati vidye shöri
hum hum phet
Om nama sarwa buta bhaya awahi maha vajre
hum hum phet
Om namo vajra sani adzite aparadzite washam karinitra
hum hum phet
Om namo bhramani shokani rokani krote karelini
hum hum phet
Om nama drasani marani prabhe dani paradzaye
hum hum phet
Om namo bidzaye dazmbhani tambhani mohani
hum hum phet
Om namo vajra varahi maha yoguini kame shöri khage
hum hum phet

Alabanza
**Al glorioso Heruka, el gran héroe y señor de tu vajra puro,
A Vajravarahi y aquellos poderosos héroes y heroínas de los lugares, campos, lugares de encuentro, tierras sepulcrales y sitios vecinales, yo me postro.**

El comentario a esta sección es el siguiente:

Los ofrecimientos ya se habían bendecido al principio de la sadhana. Las diosas de ofrecimientos hacen los cuatro tipos de ofrecimientos: externos, internos, secretos y de la talidad. Se puede visualizar a los invitados en el espacio delante de ti. O en tu coronilla donde está el Señor del Linaje, Vajrasatva. En su corazón se encuentra un disco lunar en el que se encuentra tu lama y los lamas del linaje.

La lengua de los invitados tiene la apariencia de un vajra de tres puntas en cuyo vértice hay un agujerito de donde sale un rayo de luz para extraer la esencia del ofrecimiento. Esparce el ofrecimiento real con el dedo anular izquierdo (símbolo del vajra u órgano sexual masculino) unido con el pulgar de la misma mano (símbolo del loto o vagina) y cuya unión simboliza la unión sexual.

El ofrecimiento externo está conectado con la iniciación de la vasija, o estado de generación. Los tres restantes son causa para que madure el estado de consumación.

Antes de efectuar los cinco ofrecimientos denominados "ofrecimientos de la necesidad", se ofrecen los tres tipos de agua. Los tres ofrecimientos de agua son *ahrgam*, agua para beber, *padyam*, agua para lavar los pies y *antzamana*, agua para enjuagar la boca. En la sadhana corta, el cuarto tipo de agua no es necesario.

Los cinco ofrecimientos de "la necesidad" son: flores, incienso, luz, perfume y comida. Se denominan así porque están directamente conectados con los sentidos. Su esencia es la inseparabilidad del gozo y la vacuidad, su aspecto es el ofrecimiento individual y su función es la de generar gozo no dual a los sentidos.

Si se hacen los ofrecimientos de manera extensa se visualizan dieciséis diosas de ofrecimiento[14] pero si se hacen de manera breve sólo las seis descritas previamente.

Ofrecimiento interno

Este ofrecimiento está conectado con la iniciación secreta. Se denomina "interno" porque las sustancias de que está hecho son partes internas de seres vivos. Imagina incontables diosas del gusto que sostienen cráneos con los que recogen el ofrecimiento de la base del ofrecimiento interno y lo ofrecen.

Cuando ofreces al lama raíz, levantas el kapala hasta la altura de tu coronilla; al ofrecer a los gurús del linaje lo llevas al entrecejo y para los yidams llévalo al nivel del corazón. Pones una gota en la punta de la lengua para ofrecer a tu deidad, otra en el entrecejo, para ofrecer a la deidad de tu gurú y otra en la coronilla para los gurús del linaje. Esta manera de

---

14 Para hacer el ofrecimiento extenso es que se visualizan a las diosas en los pódiums que rodean la Mansión. En el pódium del Este de la mansión, la diosa azul de la guitarra, la diosa naranja de la flauta, la diosa verde del tambor que se toca por ambos lados y la diosa roja del tambor que se toca solo por un lado. Son muy hermosas y tienen cuerpos atractivos, cuatro brazos, uno con un vajra, otro con una campana mientras que los otros dos hacen sonar el instrumento respectivo. En el pódium del Norte, la diosa roja que sonríe, la diosa azul que actúa, la que canta es amarilla y la que baila es verde. Sostienen con dos manos platillos para hacer música y con las otras dos hacen mudras. En el pódium del Oeste, la diosa azul de la flor, la diosa de color ahumado del incienso, la diosa de la luz de color naranja y la diosa del perfume, verde, sostienen un damaru y un kathanga en las dos manos y el ofrecimiento en las dos restantes. En el pódium del Sur, la diosa de la forma blanca, la del gusto roja, la del tacto verde y la diosa del Dharmadhatu blanca. Las dos primeras manos sostienen damaru y kathanga y las dos restantes las sustancias de ofrecimiento. Al hacer estos ofrecimientos acompañas la visualización con el mudra respectivo que se debería aprender de un lama o practicante cualificado.

hacer ofrecimientos no es propia del *Tantra de Heruka* sino del *Tantra de Guhyasamaya.*

Ofrece a los protectores del Dharma desde la altura del corazón; el dirigido a los héroes, heroínas, guardianes locales, *nagas,* guardianes direccionales, desde el nivel del ombligo. Desde el nivel de las rodillas ofreces a los guardianes locales que residen permanentemente en los lugares y a todos los seres conscientes convertidos en la deidad.

Generalmente no se ofrece carne y sangre a los *nagas,* pero aquí sí porque se visualizan bajo el aspecto de Chakrasamvara.

Finalmente coloca un poco de néctar en la boca y recita *om amrita svadhana svabhava atmako ham,* experimentas gozo y vacuidad y todos los invitados se sienten deleitados al aceptar este néctar.

Una vez terminado el ofrecimiento, los nagas y los invitados de los cementerios regresan a sus lugares. Al ofrecer a los héroes, heroínas, nagas y demás, se visualizan dentro de la verja vajra.

Ofrecimiento secreto y de la talidad
El ofrecimiento secreto está conectado con la iniciación de la sabiduría; el ofrecimiento de la talidad con la iniciación de la palabra. Las Cuatro Deidades ofrecen a Heruka y consorte las sustancias internas de sus cráneos[15].

Recuerda que en tu cuerpo de Heruka y el de la consorte hay discos lunares y solares adornados con mantras cuyos rayos de luz se abrazan entre si y causan gran gozo. Debido a ellos experimentas los cuatro deleites de orden descendente y ascendente. Esta sería la iniciación de la sabiduría del conocimiento, conectada con la luz clara.

La deidad principal experimenta gran gozo no dual que, en sí, es el ofrecimiento de la talidad, conectado con la iniciación de la palabra o estado de unión.

---

15 Gueshela nos dio un mantra en este punto que se puede recitar: *om sarwa vajra kamini sarwa bhaksham shodaya guhya vajrani soha, om shri mahasukah vajra heh he ru ru kam ah hum hum phet soha.*

Según Ghandapa estos dos últimos ofrecimientos son los más sublimes y si se hacen bien obtendrás realizaciones espirituales. Según la *Gran Exposición de los Senderos del Mantra Secreto* de Lama Tsong Khapa cuando caminas o paseas hazlo bajo el aspecto de Heruka y ofrece flores y cosas bonitas que veas, como la esencia del gozo y la vacuidad, al Lama, Yidam y Tres Joyas.

Alabanza

Esta alabanza es también un ofrecimiento. A la vez que recitas juntas las manos envías diosas de alabanza al espacio y con sus manos juntas alaban a las deidades.

Recitas también el mantra esencia y próximo a la esencia del Padre y de la Madre, así como el de las cuatro deidades. El objetivo de recitarlos es incitar las mentes de las deidades. Piensa que la esencia de los mantras es el gozo y el vacío, y que después de recitarlos, las deidades lo experimentan.

Alabanzas al Padre y a la Madre

Se pueden recitar en sánscrito, en tibetano o en castellano. Estas alabanzas también cuentan como recitación de mantras. Después de ofrecer, tanto las deidades de ofrecimiento como de alabanza vuelven a sus respectivos lugares.

Estado de generación:
El yoga de la deidad

La sadhana sigue con estas palabras:

(En este punto contempla principalmente el yoga del profundo y extenso estado de generación burdo y sutil, cuando te canses, recita el mantra)

La explicación sigue de este modo:

Los objetos en los que meditas en la práctica tántrica no se han de ver de una naturaleza sólida sino hechos de luz. El objetivo de meditar en el estado de generación burdo y sutil es superar las apariencias y las concepciones ordinarias. Para eliminar la primera se desarrolla claridad divina de uno mismo como Heruka, y para superar la segunda despertar orgullo divino de ser Heruka.

Para obtener claridad divina, puedes empezar desarrollando claridad de la *hum* en tu corazón. Si lo deseas lo puedes transformar en un Heruka diminuto. Gradualmente amplias la claridad, desde la *hum* a tu cuerpo de Heruka y así hasta llegar a percibir todo el *mandala* en el que resides. Después de terminar este proceso empieza el proceso a la inversa, desde el extremo exterior del *mandala* hasta la *hum*. Puesto que es muy difícil para el principiante generar claridad del *mandala* completo, es mucho más recomendable empezar con la *hum* y el cuerpo de la deidad, y gradualmente ir añadiendo más detalles.

Cuando se logra estabilidad sobre un elemento trabajas con otro sin olvidar los pasos precedentes. La falta de familiaridad es la causa de que olvides los elementos del *mandala* una vez terminada la sadhana. Cuando intentas generar claridad en los cementerios, por ejemplo, olvidas el resto. La perseverancia hará que un día *todos* los elementos aparezcan claramente. Para desarrollar claridad se aplica atención al *mandala* no sólo en meditación sino también después de ella.

Generar el pensamiento "yo soy Heruka" imputado sobre tu cuerpo luminoso de Heruka Chakrasamvara, es el orgullo divino que corta con la concepción ordinaria del "yo" inherente, el orgullo ordinario de "yo".

Para los principiantes, desarrollar orgullo divino es más importante que desarrollar claridad, pero solo el orgullo divino no es suficiente para cortar con los engaños. Las apariencias y las concepciones ordinarias burdas son el aferramiento a la identidad esencial o sustancialidad, la ignorancia fundamental. Ese aferramiento puede ser eliminado meditando en el vacío. Según el tantra las dos facetas del aferramiento a la identidad esencial, la sustancialidad, son las apariencias y concepciones ordinarias.

Percibir con la mente del gozo que los elementos del mandala carecen de existencia intrínseca, de identidad esencial se denomina "el yoga que es la unión de la claridad y profundidad". En consecuencia, has de adiestrarte también en esta comprensión.

Una vez generado orgullo divino y claridad has de estabilizar estos dos aspectos porque son los más primordiales de la práctica tántrica. Pretender ir más allá en el sendero del tantra sin estas dos, denota una falta de comprensión de los mecanismos del tantra.

Hay diversas técnicas para ello como meditar en la gota sutil (ver el mandala entero dentro de esa gota diminuta). No es necesario obtener permanencia apacible para generar claridad, sin embargo, es condición ineludible tenerla si se quiere perfeccionar el estado de generación sutil.

El principiante ha de esforzarse en visualizar individualmente los elementos del mandala; en generar orgullo divino de ser Heruka y en comprender que todo carece de existencia intrínseca, es decir, que aparece de la naturaleza de un arco iris. Generar claridad del *mandala* y al mismo tiempo orgullo divino es el antídoto directo a las apariencias y concepciones ordinarias.

Una de las cualidades exclusivas del tantra es poder generar permanencia apacible y visión superior simultáneamente, mientras que, para obtener visión superior en el vehículo de la perfección, previamente se ha de tener la experiencia de la permanencia apacible.

Tanto la meditación analítica como la de emplazamiento son vitales en el tantra. Primero se analizan los elementos del *mandala* y, cuando aparece una imagen aproximada, dejas de analizar y te emplazas en ella. Tanto en una meditación como en la otra habrá distracciones y cuando esto suceda, la vigilancia ha de advertir para que la atención recupere el objeto.

Según tu capacidad puedes visualizarte como Heruka percibiendo todo el Mandala o, simplemente como Heruka abrazado a la consorte. Eso sería el objeto de tu permanencia apacible o *shi né*. Debes aplicar vigilancia y atención para que la mente no se mueva del objeto escogido.

Si el objeto no aparece adecuadamente o es muy borroso significa que el hundimiento mental burdo está obstaculizando la concentración. Cuando hay claridad y orgullo divino considerables, pero sin intensidad, significa que has caído bajo el poder del hundimiento mental sutil. Es importante no permitir que la mente siga las distracciones que apartan del objeto. Cualquier concepción que te aparte del objeto de concentración es un obstáculo y como tal se ha de evitar.

Has de llegar a ser capaz de mantener continuamente el objeto de concentración por medio de la atención y la vigilancia. La vigilancia monitoriza si la atención está bien enfocada o no. Las nueve etapas de la permanencia apacible, los cuatro empeños, los seis poderes y la eliminación de las cinco faltas están detalladamente explicados en el *Lam Rim Extenso* de Je Tsong Khapa.

Si cuando estás concentrado, la mente divaga es una indicación de que está excesivamente pletórica, entonces reflexionas en la naturaleza transitoria del cuerpo y en la muerte para calmar la distracción. Ya que este obstáculo viene de la mano del apego has de aplicar sus antídotos.

Un método iracundo para eliminar la excitación consiste en visualizar una *hum* azul en el corazón, de la que desciende una gota azul, de la medida de una semilla de mostaza, hasta la punta del órgano sexual. Enfocas la mente en esa gota. Una vez el obstáculo ha terminado, la haces subir al corazón.

Si la concentración se interrumpe a causa del hundimiento mental, se intensifica la claridad y el orgullo divino. Si esto no resulta efectivo, ten en cuenta que en el hundimiento la mente está baja debido a la pereza u otra razón, por tanto, es necesario levantarla pensando en el perfecto renacimiento humano, en la amabilidad de tus maestros al enseñarte el *Tantra de Heruka* y recordando lo que se dice en este tantra:

> Aunque no se obtenga el estado de Unión, recitar
> el mantra de Heruka y Vajra Yoguini y sus *sadhanas*
> permite llegar a su tierra pura y, solo recitar una vez los
> cuatro mantras preciosos de Heruka elimina las
> negatividades cometidas en innumerables vidas previas.

Después de inspirarte así, intensifica la concentración y si esto no funciona usa una instrucción iracunda para eliminar el hundimiento. Consiste en visualizar una *hum* de color azul oscuro en el corazón de la que surge una gota azul (si se practica Vajra Yoguini, se visualiza que de la *bam* en el corazón surge una gota roja) de la medida de una semilla de mostaza, sube hacia arriba hasta llegar a la punta de la nariz donde se posa encima de un cojín solar de la medida de medio guisante.

Enfoca la mente en la gota radiante. Cuando el hundimiento cesa, la gota regresa a su lugar de origen.

Cuando en tu meditación del estado de generación, el *mandala* que contiene y lo que es contenido no aparece constantemente, es decir, se mantiene y difumina, indica que eres un principiante del estado de generación.

Si aparece el mandala burdo, pero no el sutil, estás en la categoría de "aquellos que hacen descender un poco de sabiduría". Cuando puedes obtener la apariencia del *mandala* burdo y de las deidades sutiles de la armadura se llega al estado llamado "ligero control sobre la sabiduría", que tiene dos partes, una en el estado de generación y otra en el estado de consumación. La siguiente etapa es llamada la de "pleno control de la sabiduría" y pertenece al estado de consumación.

Cuando uno se cansa de meditar en la claridad y el orgullo divino, es el momento de recitar *mantras*.

La recitación del mantra

La sadhana sigue así:

Recitación de los mantras
Que mi rosario se transforme en la palabra vajra

La letra hum sobre el cojín solar en el corazón de cada deidad, está rodeada en sentido inverso a las agujas del reloj por el mantra a recitar.

De la hum, en el centro del mandala emanan un séquito de deidades del mandala, cumpliendo así el propósito de los seres migratorios. De nuevo, regresan y se disuelven en la letra hum que se vuelve el materializador de las actividades de emanación y disolución.

El mantra esencia del Padre
Om shri vajra he he ru ru kam hum hum phet dakini dzala shamvaram soha.

El mantra próximo a la esencia del Padre
Om hrih ha ha hum hum phet

El mantra esencia de la madre
Om vajra berotzaniye hum hum phet soha.

El mantra próximo a la esencia de la Madre
Om sarwa buda dakiniye vajra varnaniye hum hum phet soha

Los mantras de la armadura del Padre
Om om hum hum phet; om nama hi hum hum phet; om soha hu hum hum phet; om bokhet he hum hum phet; om hum hum ho hum hum phet; om phet han hum hum phet.

Los mantras de la armadura de la Madre
Om om bam hum hum phet; om ham yom hum hum phet; om hrim mom hum hum phet; om hrim hrim hum hum phet; om hum hum hum hum phet; om phet phet hum hum phet

Los mantras de las cuatro diosas
Om dakiniye hum hum phet
Om lame hum hum phet
Om kandarohi hum hum phet
Om rupiniye hum hum phet

(Al terminar recita una vez el mantra de cien sílabas de Heruka Vajrasatva.)

El comentario dice así:

Para recitar el mantra de Heruka sería excelente conseguir un rosario hecho de semillas del árbol *bodhi* y con el hilo de diferentes colores trenzados por una chica virgen. El rosario es de la naturaleza de Amitabha, en la *sadhana* extensa hay una amplia explicación sobre el rosario.

Para recitar mantras sostén el rosario colocándolo encima del dedo anular de la mano izquierda y contando con el pulgar. Si te resulta incómodo lo haces de la manera normal al cabo de un rato. Mientras recitas imagina que el pulgar es como un gancho con el que pescas a las deidades para que se disuelvan en ti.

La recitación del compromiso es aquella en la que, tanto si recitas el mantra de la deidad principal como el de las cuatro diosas, visualizas la sílaba *hum* rodeada por el mantra en dirección levógira. Si tomas el ejemplo de la deidad principal, Heruka, del *nada* de la *hum* salen rayos de luz con diosas que ayudan a los seres y los llevan a la Iluminación, después las deidades y los rayos de luz se reintegran en la *hum*.

La recitación del mantra que circula. Al recitar el mantra raíz, el de la esencia o el próximo a la esencia imagina, del *shabju,* (parte baja de la *hum*), salen las letras del *mantra*, que como luces de neón descienden por el interior de tu canal central hasta tu órgano sexual –el Padre– entran en el de la Madre y de allí suben por su canal central hasta su boca. Finalmente, de su boca entran, a través de la tuya, del Padre, y se funden en el *nada* en tu chakra del corazón. Salen del *shabjyu* y regresan al *nada*.

La recitación en voz alta o iracunda. Imagina que los cuatro rostros de Heruka, así como las cuatro deidades recitan el mantra.

La recitación de la aglomeración. Recita y visualiza simultáneamente que las letras irradian luces como de neón y se van iluminando.

La recitación vajra. Se recita mentalmente, sin mover los labios. Al hacer esta recitación con cualquiera de los mantras, recuerda que la sílaba *hum* está rodeada por el mantra e irradia rayos de luz con deidades que salen de tu orificio nasal derecho debido a la reverberación del sonido *hum*. Esas diosas purifican las faltas del medio ambiente y de los seres.

Seguidamente, debido a la reverberación de la letra *om*, las deidades y los rayos de luz entran en nosotros a través de nuestro orificio nasal izquierdo. Finalmente debido a la reverberación de la letra *ah,* los rayos y las deidades se funden en la letra *hum*.

Esta manera simple de hacer la recitación mental pertenece al estado de generación y causa que madure el aflojamiento de los nudos del canal central, cosa que en realidad sucede en el estado de consumación.

El color del mantra debe concordar con el color de la deidad respectiva, pero también pueden visualizarse de color rojo. La recitación ha de tener lugar sin distracciones, y si he de seguir escrupulosamente el texto, cuando se hace una aproximación (Tib: *le rung*) las recitaciones con distracción no deberían ser contadas, cosa que es muy difícil para los principiantes. La recitación no ha de hacerse ni demasiado en voz alta ni demasiado en voz baja y se han de recitar claramente todas las sílabas.

Los mantras que se recitan en una aproximación son los cuatro mantras preciosos: el mantra esencia del Padre y de la Madre, el próximo a la esencia de Padre y Madre, el mantra raíz de Padre y Madre y el de la armadura de Padre y Madre.

En especial, los mantras raíz del Padre y Madre son extremadamente importantes, ya que exponen todo el sendero del estado de generación y de consumación. El significado de estos dos mantras está ampliamente descrito en el texto de Lama Tsong Khapa, *Iluminación completa del Significado Oculto*.

En un retiro de aproximación en el que se cuenta un número particular de mantras, se han de acumular principalmente el de la esencia del Padre y la Madre. Se empieza recitando el mantra raíz, luego el de la esencia, el próximo a la esencia, el de la armadura y los de las cuatro diosas. Para completar una aproximación menor se recitan cien mil veces el mantra esencia del Padre, cien mil más el mantra esencia de la Madre, diez mil veces el mantra próximo a la esencia del Padre, diez mil veces el mantra próximo a la esencia de la Madre, diez mil veces cada mantra de las cuatro diosas y diez mil veces el mantra de la sabiduría que desciende.

Para poder hacer los cuatro tipos de actividades vinculadas a la deidad, esta aproximación se ha de llevar a cabo cuatro veces, es decir, contar cuatrocientos mil mantras de la esencia de Padre y Madre, cuarenta mil próximos a la esencia del Padre y Madre, cuarenta mil de las cuatro diosas y cuarenta mil de la sabiduría que desciende. Por último, se ha de concluir con la puya de fuego en la que se recita una décima parte de los mantras que se hayan contado durante la aproximación. En el caso de la aproximación menor, la de cien mil mantras es suficiente con la puya de fuego de pacificar.

Si estas interesado en llevar a cabo un retiro según este sistema, hay un texto separado que trata exclusivamente sobre el tema y deberías, como es el caso en todo el tantra, recibir la transmisión oral de estas instrucciones de un maestro cualificado.

En la vida cotidiana, deberías recitar los mantras esencia de Padre y Madre, el próximo a la esencia, el de la armadura, el de las cuatro diosas tantas veces como se pueda. Para hacer la recitación estable y eliminar las faltas cometidas se recita el mantra de cien sílabas al final.

Ofrecimientos y tormas finales

La sadhana reza así:

(Si haces retiro y deseas hacer el ofrecimiento de torma, hazlo en este punto.)

Bendición de los ofrecimientos y tormas para las deidades mundanas y supramundanas

Bendición de los ofrecimientos externos
> Om kandarohi hum hum phet
> Om sobhawa shuddha sarwa dharma sobhawa shuddho ham
> Todo se disuelve en la vacuidad.

Desde el estado de la vacuidad, de *kam* aparecen ocho amplios y espaciosos cráneos. Dentro de cada cráneo aparece una sílaba *hum*. Estas se transforman en agua para beber, agua para los pies, flores, incienso, luz, perfume, comida y música. Su naturaleza es gozo y vacuidad, su forma es cada uno de los ofrecimientos, y su función es producir el gozo inmaculado extraordinario cuando son experimentados por los seis sentidos.

> Om ahrgham ah hum
> Om padyam ah hum
> Om vajra pupe ah hum
> Om vajra dhupe ah hum
> Om vajra diwe ah hum
> Om vajra gandhe ah hum
> Om vajra newide ah hum
> Om vajra shapta ah hum

(Los ofrecimientos son bendecidos)

(Ahora bendice la torma como ofrecimiento interno)

Ha ho hrih X3

Los rayos de luz de *ha* roja sobre la base de los logros, los rayos de luz de *ho* blanca debajo de la base de los logros y los rayos de luz de *hrih* azul en el centro de la base, eliminan todas las faltas de color, olor, sabor y poder de las respectivas sustancias, transformándolas en néctar.
Om ah hum X3

Phem
Rayos de luz de *hum* en el corazón invitan, en el espacio frente a ti, al mandala de las cinco deidades de Heruka y a su comitiva de guardianes direccionales, guardianes locales y nagas con su séquito y que moran en los ocho campos sepulcrales.

(De la hum en la lengua de las deidades surge un vajra de tres puntas a través del cual ingieren la esencia de las tormas extrayéndola mediante tubitos de luz del grosor de un grano de cebada.)

Om vajra ah ra li ho dza hum bam ho vajra dakini samaya tom trishaya hum X3

(Con la primera recitación, ofreces la torma al Padre principal, después a la Madre, y con la tercera a las cuatro dakinis, empezando desde el este y ofreciendo en dirección levógira).

Ofrecimientos externos
    Om sarwa tathagata ahrgham pratitza soha
    Om padyam pratitza soha
    Om vajra pupe pratitza soha
    Om vajra dhupe pratitza soha
    Om vajra diwe pratitza soha
    Om vajra gandhe pratitza soha
    Om vajra newide pratitza soha
    Om vajra shapta pratitza soha

Ofrecimientos internos
Om sarwa tathagata om ah hum

El comentario dice así:

El objetivo principal de ofrecer tormas a las deidades mundanas y supramundanas es obtener experiencias espirituales. Este ofrecimiento es para los seres supremos que invitamos. En los retiros se hace en las cuatro sesiones o al menos en la última. La primera torma se ofrece a Heruka y a su consorte, la segunda a las cuatro diosas y la tercera a los guardianes locales y direccionales.

Los ingredientes para este ofrecimiento incluyen cualquier sustancia comestible, como galletas, fruta, etc. Pero hay dos elementos esenciales que son el alcohol y la carne. Si se hacen las tormas mezcladas con carne y alcohol, al cabo de unos días puede desprender malos olores, por ello hay un sistema tradicional tibetano en el que se hace una pasta con harina de gofio y se añaden unas gotas de alcohol. Con esta pasta se hace la torma. Si es posible deberías seguir el Tantra de Heruka en el que se describen las tormas con sus formas especiales. Necesitas tres tormas y si no mezclas en ella carne y alcohol, se deben poner por separado.

Para bendecir las tormas se hace como en el caso del ofrecimiento interno, la única diferencia es que el primero es líquido y las tormas sólidas. Si en la vida cotidiana se recita la sadhana cada día, se ofrece al final ya que deja unas poderosas impresiones para que madure el estado de consumación.

El primer paso para hacer el ofrecimiento es invitar a los partícipes que degustarán la torma. De *hum* en tu corazón surgen rayos de luz que invitan de la tierra pura de Akanishta a Heruka Chakrasamvara y las Cuatro Deidades. Se envían ofrendas externas y se bendice la lengua de los invitados imaginando que, por dentro son vajras blancos con el aspecto externo de una lengua normal. A través del agujerito central del vajra, los invitados aceptan la esencia de la torma.

Se recita tres veces el mantra que acompaña el ofrecimiento. La primera recitación es para el Padre, la segunda para la Madre y la tercera para las Cuatro dakinis. Imagina que todos experimentan gran gozo.

A continuación, se ofrecen las dos aguas y los cinco ofrecimientos de la necesidad. Se termina con el ofrecimiento interno.

Las deidades recitan las alabanzas con una tonalidad muy melodiosa alabando las cualidades del Padre y la Madre. A estas alabanzas le siguen una súplica para conseguir los deseos y después el ofrecimiento de la torma para los invitados mundanos.

La sadhana sigue:

Alabanzas en ocho líneas al padre
Om me postro al Bhagawan, señor de los héroes *hum hum phet*
Om a ti cuyos rayos de luz se igualan al fuego que acaba con los grandes eones, *hum hum phet*
Om a ti que tienes un moño indeteriorable en tu coronilla *hum hum phet*
Om a ti de colmillos desnudos y rostro iracundo *hum hum phet*
Om a ti con mil manos flameantes de luz *hum hum phet*
Om a ti que llevas un hacha, un lazo, un tridente y un kathanga *hum hum phet*
Om a ti que llevas vestimentas de piel de tigre *hum hum phet*
Om a ti me postro cuyo cuerpo de color ahumado disipa todas las obstrucciones *hum hum phet*

Alabanzas en ocho líneas a la Madre
Om me postro ante la Madre Bendita, Vajravarahi *hum hum phet*
Om me postro ante la Dama, Reina del Conocimiento, invencible en los tres reinos *hum hum phet*
Om me postro ante la que destruye todo miedo de espíritus malignos con su gran vajra *hum hum phet*

Om me postro ante la que es el asiento vajra, la invencible con ojos que derrotan *hum hum phet*
Om me postro ante la que diseca a Brahma con la furia de su forma iracunda *hum hum phet*
Om me postro ante la Victoriosa que aterrorizas y destruyes a los demonios *hum hum phet*
Om me postro ante la que vence a lo que nos ofusca, empecina y confunde *hum hum phet*
Om me postro ante Vajravarahi, la gran yoguini, suprema consorte que controla el deseo *hum hum phet*

Súplica para la consecución de un deseo
Tú, que has destruido por igual las concepciones del apego a la existencia cíclica y al Nirvana
Y estás dotado con la percepción de todos los fenómenos parecida al espacio.
Oh protector, humedece mi continuo mi continuo mental con el agua de tu gran compasión.
Que todas las diosas cuiden de mi con gran compasión.

De nuevo, de *hum* salen rayos de luz invitando a todos los guardianes locales, direccionales y nagas de los ocho cementerios. Estos seres se disuelven en luz y se transforman en Heruka Chakrasamvara delante tuyo en el espacio rodeándole. Y se les hace el ofrecimiento acompañado del mantra explicado previamente. Se termina con el ofrecimiento externo y el interno.

Ofrecer la torma a los dakas y dakinis mundanas
Los guardianes direccionales, guardianes locales, nagas y restantes seres de los ocho campos sepulcrales, se convierten instantáneamente en luz, de la que aparece Heruka Chakrasamvara con consorte. De hum en sus lenguas surge un vajra de tres puntas, a través del que toman la esencia de la torma, atrayéndola mediante una pajita de luz del grosor de una semilla de cebada.

Om kha kha, kha hi kha hi, sarwa yakya rakyasa, bhuta, treta, pishata, unata, apamara, vajra daka daki nadaya imam baling grihantu, samaya rakyantu, mama sarwa siddhi metra yatzantu, yatipam, yatetam, bhudzata, piwata, dzitrata mati tramata, mama sarwa kataya, sadsukham bishudhaye, sahayeka bhawantu, hum hum phat phat soha *(2x)*

Ofrecimientos externos
Om ahrgham pratitza soha
Om padyam pratitza soha
Om vajra pupe ah hum soha
Om vajra dhupe ah hum soha
Om vajra diwe ah hum soha
Om vajra gandhe ah hum soha
Om vajra newide ah hum soha
Om vajra shapta ah hum soha

Ofrecimiento interno
A las bocas de los guardianes direccionales, regionales, nagas y demás *om ah hum.*

Súplicas
Para proteger el Dharma y ayudar a los seres que migran, los grandes cumplidores de promesas y compromisos, que jurasteis salvaguardar el Dharma y beneficiar a los seres que transmigran, con vuestra forma iracunda y aterradora, destruís los seres malignos y fuerzas negativas, tan veloces como se mueve la mente

Me postro ante vosotros, que otorgáis el fruto de la práctica del yoga, que estáis en posesión de fuerza, poder y bendiciones increíbles. Me postro ante los ocho ejércitos que causan daño y demás, y suplico a vuestras esposas, hijos y sirvientes que me concedáis la amabilidad de obtener todos los logros.

Om vajra mu
Que los seres mundanos puedan volver a sus moradas naturales

Om yoga shudha sarwa dharma yoga shudo ham

Que la rueda del mandala se disuelva en mí.

Ofrecimiento externo breve
   Om ahrgham pratitza soha
   Om padyam pratitza soha
   Om vajra pupe ah hum soha
   Om vajra dhupe ah hum soha
   Om vajra diwe ah hum soha
   Om vajra gandhe ah hum soha
   Om vajra newide ah hum soha
   Om vajra shapta ah hum soha

Ofrecimiento interno breve
Om sarwa tathagata om ah hum

Alabanza
La Suprema y excelsa deidad Heruka,
la Suprema Dama compasiva hacia todos los seres conscientes
como una madre. Los poderosos héroes y heroínas.
A vuestros pies de loto me postro.

Súplica a las deidades supramundanas para que colmen los deseos
Oh séquito de deidades del Glorioso Heruka Chakrasamvara,
bendice por favor a todos los seres conscientes y a mí mismo para
que pacifiquemos todos los aspectos desfavorables, obstáculos y
circunstancias adversas. Que obtengamos todas las condiciones
favorables deseadas

Pedir la actividad iluminada de los dioses mundanos
Oh guardianes direccionales, guardianes locales y demás.
Por favor aceptad este ofrecimiento de torma y otorgad cualquier
logro que yo, el yogui y mi séquito, deseemos

El comentario de esta sección viene así:

Para acumular méritos se ofrecen de nuevo las alabanzas y
suplicar la influencia de la actividad Iluminada para pacificar
obstáculos y acumular condiciones favorables.

Por último, recita el mantra de Vajrasatva mientras se toca la campana e imagina que el Señor del Linaje Vajrasatva emite luz de su cuerpo que purifica nuestras negatividades con respecto a la mala recitación, deficiencia en rituales, etc.

Finalmente se recita *om vajra mu* y los seres mundanos volverán a sus lugares respectivos donde siguen ayudándonos mientras que los supramundanos se disolverán en nosotros.

La sadhana sigue así:

Proceso de disolución
Rayos de luz de *hum* en mi corazón disuelven la mansión celestial en el séquito. El séquito se disuelve en los cuatro rostros. Yo, Chakrasamvara con mi consorte me disuelvo en *hum* en mi corazón, *hum* se transforma y aparezco como Heruka con las letras *om ah hum* señalando los tres lugares.

Dedicación
Glorioso Heruka, tu cuerpo con el deseo controlado,
Alumbra los tres reinos con miles de rayos de luz azul, que brillan como mil soles. Que la multitud de seres con deseo en las partes de tu cuerpo, dancen simultáneamente.

A través de la verdad de las diosas válidas, con compromisos puros y sus inequívocas explicaciones válidas que han enseñado, puedan ellas siempre cuidar de nosotros.

Pueda yo mismo convertirme en Heruka para beneficio de todos los seres conscientes. Y pueda entonces dirigir a todos al estado supremo de Heruka.

Versos auspiciosos
Que haya bienestar durante el día, por la noche, así como al mediodía. Que las tres joyas otorguen auspiciosidad para tener bienestar día y noche

Colofón de la sadhana

(Incluso después de las sesiones, libera tus tres puertas de las apariencias y concepciones ordinarias y esfuérzate en los yogas del comer, lavarse, dormir y en la disciplina ética de la conducta y con ello haz el precioso cuerpo humano, con libertades y dones, significativo.)

El océano de las enseñanzas secretas de Lama Manyushri, mantenidas por Lobsang Choky Gyaltsen, cuando es batido por la cuchara de su incomparable realización experiencial produce la nata de la excelente exposición inmaculada.

Para iluminar este método de yoga, he compuesto este recipiente de versos esenciales, "Lámpara que enciende el sendero supremo hacia el gran gozo", al llenar un recipiente, arde con el fuego de su propio contenido.

La luz de la virtud que se obtiene en ella
enciende los tres reinos con la sabiduría del gran gozo
y disipa la oscuridad del aferramiento a la identidad esencial.
Pueda yo tener la fortuna de ver los rostros naturales de los tres kayas.

La sadhana compuesta por Panchen Lama, Lobsang Choky Gyaltsen de nombre "Fuente del Gran Gozo" es esencial para los practicantes de la actual generación con facultades extremadamente agudas. Sin embargo, hay practicantes torpes que tienen dificultades para seguir dicha sadhana, en consecuencia, exhortado por mi fuerte deseo de beneficiarles, yo, un monje llamado Yangchen Drupe Dordge he compuesto esta corta sadhana de las cinco deidades de Heruka llamada "Lámpara que enciende el gran gozo", siguiendo las intenciones del omnisciente Dharmabhadra Pal Sangpo.

El comentario de esta sección de la sadhana sigue de este modo:

Disolución

De *hum* en el corazón salen rayos de luz que ilumina todo el mandala y el universo. Todo el medio ambiente se disuelve en el mandala. Todos los seres del universo se disuelven en ti, Heruka. La verja vajra se disuelve en luz en los cementerios que, a su vez, lo hacen en la Mansión Celestial Los cuatro pétalos de las direcciones subcardinales con las *bumpas* con cráneos llenos de néctar, se disuelven en las cuatro dakinis que, a su vez se disuelven en los cuatro rostros de Heruka. La Mansión se disuelve en el Padre, Heruka, y la consorte que, a su vez, se deshace en luz disolviéndose en la *hum* del Padre que se transforma en Heruka azul de una cara y dos manos abrazando a su consorte.

Adorna el cuerpo con las doce deidades de la armadura, tanto del Padre como de la Madre. Se recita el mantra de los cuatro rostros chasqueando los dedos en las direcciones respectivas.

Concluye la recitación de la sadhana con las oraciones de dedicación y los versos auspiciosos.

Yoga de las acciones o comportamiento

Todo lo que percibas, sea lo que sea, lo has de considerar como una manifestación de Heruka y carente de sustancialidad. Todo lo que oigas es el mantra de Heruka y cualquier pensamiento que aparezca en la mente son los pensamientos en la mente gozosa de Heruka.

Al ver a tu gurú, una estatua u otras representaciones de cualquier buda piensa que son manifestación de Heruka e inmediatamente recitas las alabanzas.

Cuando imaginas que todas las apariencias están desprovistas de sustancialidad piensa que la mente que lo entiende es el gran gozo que experimenta el vacío.

Al lavarte o bañarte imaginas que el espacio está repleto de deidades de iniciación que nos vierten néctar.

Hay rituales como el ofrecimiento de la mano, que se refiere a bendecir la mano, visualizándola como deidad y se ofrece a Heruka.

Para comer bendice recitando el mantra, *om ah hum ha ho hri* e imagina que se ofrece a la letra *hum* en el corazón y cuya naturaleza es tu mente muy sutil, el lama, el yidam y los cinco dhyani budas. Imagina que tu boca es el fuego, las dos manos son los dos instrumentos de la puya de fuego. *Hum* acepta la comida y los restos se queman en el *tumo* o fuego interno del ombligo. Esto sería la práctica de la puya de fuego interna.

Si practicas así, día tras día, semana tras semana y año tras año, obtendrás experiencias elevadas, en caso contrario, al menos purificarás las impresiones kármicas negativas y al morir los héroes y heroínas te dirigirán a las tierras puras de las dakinis.

Lama Tsong Khapa decía que tenemos la mejor de las oportunidades al practicar este Tantra, por tanto, no debemos perder la ocasión de hacer significativo nuestro cuerpo.

La sadhana

La lámpara que enciende el gran gozo

Sadhana breve de las cinco deidades de Heruka Chakrasamvara

Compuesta por Yanchen Drupei Dordge

Namo gurú shri Chakrasamvara Vajra Yoguini bhya
La sadhana breve esencial de Heruka con Cinco Deidades se denomina *La Lámpara que enciende el gran gozo*

Me postro ante el Glorioso Heruka que abraza a su Madre, como nubes de carmesí que circundan la gran montaña de lapislázuli. Y como medio para tener la experiencia presento esta *lámpara que enciende el gran gozo* con el deseo de practicar la sadhana breve del Vencedor Heruka Chakrasamvara con Cinco Deidades.

Reúne los instrumentos tántricos y recita:

Oración de súplica a los gurús raíz y del linaje
Suplico al Glorioso Heruka a la Yoguini, a Ghandapa, a Rubelshab, a Dzalandarapa, a Nagpopa, a Guhyapa, a Namgyel, a Tilopa, a Naropa y a los hermanos Pantingpa.

Suplico a Sherab Tseg, a Makyo Lotsawa, a Sachen Kunga Nyingpo, a Jetsun y a su hermano, a Sakya Pandita, a Chogyal Phagpa, a Shangton, a Drakpupa, y al sagrado Lama Sonam Gyeltsen, al supremo Lobsang Drakpa, a Kedrub Rimpoché y hermano.

Suplico a Dharmavajra, Gyalwa Ensapa e hijos espirituales,
a Lobsang Chogyan, a Konchok Gyaltsen, a Tenzin Thinley,
a Kheitsun Jamyon, a Yongdzin Pandit y a Lobsang Tenzin.

Suplico al omnisciente Dharmabhadra con atuendos
azafrán de monje y al que todo lo ve, Majugosha, a los pies
del amable gurú, Namkha Tenkyong Tenzin Tsondru.

A Pabongka, Vajradhara mismo,
y al tutor, "el incomparable hijo supremo",
Losang Yeshe Tenzin Gyatso; y a mi gurú raíz
Os suplico, por favor bendecid mi continuo mental.

Bendecidme por favor para manifestar los cuatro cuerpos
por medio del adiestramiento en las prácticas de las cinco
etapas del estado de consumación, el de generación burdo
y sutil, interno y externo, y manteniendo los compromisos,
la iniciación y el adiestramiento en los senderos comunes.

Tomar refugio y generar la bodhichita

Tomo siempre refugio en Buda, Dharma y Sangha,
en los tres vehículos, en las dakinis del yoga del
Mantra secreto, en los grandes seres, los bodhisatvas,
y, en especial, en mi maestro espiritual.

Para beneficio de todos los seres
Pueda yo convertirme en Heruka
con el propósito de llevar a todos los seres conscientes
al supremo estado de Heruka

Autogeneración instantánea

En un instante me convierto en Heruka con la Madre.

Ofrecimiento interno medio

Ha ho hrih X3
Los rayos de luz de *ha* roja en la base de los logros, los rayos de luz de *ho* blanca debajo de la base de los logros y los rayos de luz de *hrih* azul en el centro de la base, eliminan todas las faltas de color, olor, gusto y poder de las respectivas sustancias, transformándolas así en néctar.
Om ah hum X3

Ofrecimiento interno breve

Ha ho hrih
Todas las faltas de color, olor y sabor son purificadas y las sustancias se transforman en un gran océano de néctar de sabiduría no contaminada.

Bendecir el dordje y la campana

El vajra es el método y la campana es la sabiduría; los dos juntos son de la naturaleza de la bodhichita última.

(Sostén este hecho en mente con firmeza. Sostén el vajra en tu corazón entre el pulgar y el anular con tu mano derecha y recita):

Om sarwa tathagata siddhi vajra samaya tika eka ton dharayami vajra satto hi hi hi hi hi hum hum hum phet soha

(Ahora sostén la campana entre el pulgar y el anular de tu mano izquierda y sostenla en tu cadera izquierda mientras recitas):

Om vajra gantha hum
(Para entender esta sección de la sadhana lee atentamente el comentario que sigue):

Deleito así a Vajrasatva y los demás.

(Alza el dordje o vajra mientras contemplas):

Hum

**Sostener el vajra libera a todos los seres de la confusión, con alegría mantengo el vajra y
me implico en la actividad liberadora del Dharma**

Hum hum hum ho ho ho

(Sostén el vajra en tu cadera derecha y haz sonar la campana desde el centro y por las ocho direcciones mientras recitas):

Om vajra dharma ranita, paranita, samparanita, sarwa buda khyetra patzalini penja paramita nada sobhawa vajra sato hridaya, santo khani hum hum hum ho ho ho soha

> *Bendición de los ofrecimientos externos*
> Om kandarohi hum hum phet
> Om sobhawa shuddha sarwa dharma sobhawa shuddho ham
> Todo se disuelve en la vacuidad.

Desde la esfera de la vacuidad, de *kam* aparecen ocho amplios y espaciosos cráneos. Dentro de cada cráneo aparece una sílaba *hum*. Estas se transforman en agua para beber, agua para los pies, flores, incienso, luz, perfume, comida y música. Su naturaleza es gozo y vacuidad, su forma es cada uno de los ofrecimientos y su función es producir el gozo inmaculado extraordinario cuando son experimentados por los seis sentidos.

> Om ahrgham ah hum
> Om padyam ah hum

Om vajra pupe ah hum
Om vajra dhupe ah hum
Om vajra diwe ah hum
Om vajra gandhe ah hum
Om vajra newide ah hum
Om vajra shapta ah hum

Recitación y meditación de Vajrasatva

Sobre mi coronilla, una letra *pam* se transforma en un loto, la letra *ah* en un cojín lunar, sobre el cual de la letra *hum* emerge un vajra blanco de cinco puntas marcado con una *hum* en su centro. De éste salen rayos de luz, a través de los cuales se cumplen los dos propósitos. Los rayos de luz se reúnen transformándose en Vajrasatva blanco con una cara y dos manos, sosteniendo vajra y campana. Sentado en la postura vajra él abraza a su consorte, la blanca Dordge Nyemakarmo, la cual tiene una cara y dos brazos y sostiene un cuchillo curvo y un kapala. Ambos van adornados con sedas y otros ornamentos. En sus coronillas está la letra *om*, en sus gargantas *ah* y en sus corazones *hum*. De la *hum* en sus corazones emanan rayos de luz que invitan a los seres de sabiduría, a ellos similares.

Dza hum bam ho. Se vuelven no duales.

De nuevo rayos de luz emanan de la *hum* en su corazón invitando a las diosas de iniciación.
Oh vosotros, todos los Tathagatas
Otorgad por favor la iniciación completa.

Habiendo suplicado así, ellas sostienen recipientes llenos de néctar de sabiduría, con los que conceden la iniciación.

Om sarwa tathagata abikekata samaya shriye hum

Sus cuerpos se llenan de néctar de sabiduría y el excedente que de ellos rebosa, se transforma en Akshobya, adornando sus coronillas. En el asiento lunar en su corazón está la letra hum rodeado por las sílabas del mantra.

Oh Bhagawan Vajrasatva
purifica, por favor, todas las negatividades
y obstrucciones de mí mismo y de todos los seres
y purifica todos los compromisos rotos y degenerados.

Habiendo suplicado de este modo. De la *hum* en su corazón y el rosario del mantra de cien sílabas a su alrededor, salen rayos de luz que purifican las negatividades y obstrucciones de todos los seres y presentan agradables ofrecimientos a los budas y a sus hijos. Todas las cualidades de cuerpo, palabra y mente son atraídas en forma de luz que se disuelve en el rosario del mantra en la *hum*. Con ello, un torrente de néctar blanco desciende de él a través de los órganos acoplados del Padre y su consorte. El néctar de sabiduría entra por mi coronilla y llena todo mi cuerpo purificando por completo todas mis negatividades y obstrucciones de cuerpo, palabra y mente.

Om vajra heruka samaya, manu palaya, heruka, teno patita, dridho me bhawa, suto kayo me bhawa, supo kayo me bhawa, anurakto me bhawa, sarwa siddhi me prayatza, sarwa karma sutza me, tzitam shriyam kuru hum, ha ha ha ha ho bhagawan, vajra heruka ma me muntsa, heruka bhawa, maha samaya satto ah hum phet.

> Debido a la ignorancia y a los engaños
> He roto y degenerado mis compromisos.
> Oh guía espiritual, mi protector,
> Sé mi refugio.

Señor, sostenedor del vajra
Dotado de gran compasión,
Tú, el más sobresaliente de todos los seres
En ti tomo refugio.

(Entonces Vajrasatva dice):

Oh hijo del linaje y degenerados
Tus negatividades, oscurecimientos
Y todos los compromisos rotos
Están ahora limpios y purificados.

(Después de decir esto, él se disuelve en mí, con lo que mis tres puertas se vuelven inseparables del cuerpo, palabra y mente de Vajrasatva).

El yoga de las tres purificaciones

He es la mente, la fuente de todo. Cuando se examina su naturaleza de ser una causa, encuentras la vacuidad, la ausencia de existencia inherente de los fenómenos.
Ru es la ausencia de identidad esencial de la persona, separada del yo, creado por la malla que surge de las concepciones erróneas.
Ka es la talidad objetiva y subjetiva (la mente) que, por naturaleza, no existen de modo separado ni en desarmonía.
Shri es el significado de evam, la sabiduría de la no dualidad, fundida con la vacuidad objetiva, tal y como ella es.

(Pensando de este modo purifica la mente)

Del estado de la vacuidad aparezco instantáneamente como Heruka azul oscuro, con una cara y dos manos sosteniendo dordje y campana. De pie, con mi pierna derecha estirada, abrazo a mi consorte, la roja Vajravarahi, que tiene una cara y dos manos sosteniendo un cuchillo curvo y un kapala.

Shri Heruka Ham   X3

(Repite tres veces con el pensamiento gozoso de beneficiar a todos los seres conscientes y con orgullo divino sobre este cuerpo sutil, purifica el cuerpo.)

Om a aa i ii u uu ri rii li lii e ei o au am ah
Ka kha ga gha nga tsa tsha dza dzha nya da tha ta dha
Na dra thrah tra dha na ba pha pa bha ba ma ya ra la wa
sha kha sa ha kya hum hum phet X3

Las guirnaldas del mantra están orientadas en sentido contrario a las agujas del reloj en tres círculos concéntricos en mi ombligo y radiando rayos de luz de cinco colores. Los grupos de deidades de los tres círculos se manifiestan y salen de mi orificio nasal derecho hacia las diez direcciones disipando todas las interferencias. Estas regresan y entran a través de mi orificio nasal izquierdo, disolviéndose en las guirnaldas del mantra en mi ombligo.

(Imaginando esto purifica la palabra).

Invocar a las deidades del campo de mérito y hacer ofrecimientos.
De *hum* en mi corazón y bajo mi aspecto de Heruka, salen rayos de luz invitando en el espacio al séquito de Heruka el subyugador, que venido desde Akanishta, es inseparable del propio lama. Los rayos de luz regresan a mi corazón.

Namo gurú chakrasamvara sarwa dakini bhye (postración)

Ofrecimiento externo
Om sarwatathagata argham, padyam, pupe, dupe, ahloke, gendhe, niude, shapta pratitza soha

Ofrecimiento interno

Om sarwa tathagata om ah hum.

Ofrecimiento secreto y de la talidad
Padre y Madre entran en unión, y experimentan la sabiduría
del gozo y la vacuidad.

(Haz de este modo el ofrecimiento secreto y de la talidad).

Tomo refugio en las tres joyas
Y confieso individualmente todas las negatividades
Me regocijo en las virtudes de los seres migradores
Y mantengo en mi mente la iluminación del Buda. X3

(El campo de acumulación se disuelve en mí y soy así bendecido).

Llevar la muerte al sendero del dharmakaya

Om sunyata gyanavajra sobhawa atmako ham

Todos los fenómenos del contenedor (los universos) y el
sabor (los seres) se disuelven en mí. Así mismo yo también
me convierto en la vacuidad no observada.

Llevar el estado intermedio al sendero del sambhogakaya

A continuación, del estado de la vacuidad que disuelve
todas las apariencias, mi mente surge como un refinado
nada, de color blanco con un leve matiz rojo, situado de
pie en el espacio

Llevar el renacimiento al sendero del nirmanakaya

Del estado de la vacuidad y en el centro de un suelo, reja,
tendal, canopia y frente de fuego vajra, se van sucediendo
instantáneamente, los cuatro elementos, uno sobre otro.

Encima, el Monte Meru. Sobre él, en el centro de la montaña, hay un loto multicolor.

En el centro del loto hay un vajra multicolor. Encima hay un loto multicolor de ocho pétalos, en cuyo centro se encuentra un disco lunar blanco con un leve matiz rojizo que refleja treinta y dos vocales y ochenta consonantes y que son, por naturaleza, las marcas mayores y menores de un ser iluminado. Esto es *la sabiduría parecida al espejo* y *la sabiduría de la igualdad*.

Yo, como *nada* en el espacio, veo la luna con el matiz rojizo y me motivo a renacer en el centro de la bodhichita blanca y roja del Padre y la Madre plenamente iluminados, para el beneficio de todos los seres.

Movido por esta motivación el *nada* entra en la luna, transformándose gradualmente en *hum* blanca con un matiz rojizo, que es *la sabiduría del análisis individual*.

Rayos de luz salen de la *hum* llevando a cabo los dos propósitos. Luego vuelven y se disuelven en el *nada* de la letra *hum* que, siendo por naturaleza el gran gozo nacido espontáneamente, es *la sabiduría que acomete las actividades*

Om ah hum
Om sarwa bira yogini kaya vaka tsita vajra sobhawa atma ko ham
Om vajra shudha sarwa dharma vajra shudho ham

La luna, vocales, consonantes y *hum* se transforman, apareciendo simultáneamente lo que abarca y lo que es abarcado por el mandala completo, que es la *sabiduría de la esfera de la realidad*.

Además, hay una mansión celestial cuadrada con cuatro puertas de entrada, cuatro arcadas y rematada con todas las características esenciales.

En su centro hay un loto multicolor de ocho pétalos, en cuyo centro se encuentra un cojín solar. Encima aparezco yo bajo el aspecto del glorioso subyugador, Heruka azul oscuro con cuatro caras, de las cuales la principal es azul oscuro, la izquierda verde, la posterior roja y la derecha amarilla, y cada una de ellas con tres ojos.

Tengo doce brazos y mi cabeza está adornada con un rosario de vajras de cinco puntas. Mi pierna derecha está estirada y pisa la cabeza del negro Bhairawa. Mi pierna izquierda está flexionada y pisa el pecho de la roja Kalarati. Con las dos primeras manos sostengo un dordje y una campana y abrazo a Vajravarahi.

Las dos manos inferiores sostienen la piel de un elefante con un gesto aterrador. Llevo un damaru en la mano derecha tercera y un hacha en la cuarta; un cuchillo curvo en la quinta mano y un tridente en la sexta. Un kathanga en la mano izquierda tercera, un recipiente de calavera repleto de sangre, en la cuarta; un lazo vajra en la quinta, y en la sexta sostengo la cabeza con cuatro caras de Brahma.

Mi pelo está recogido en un moño superior, adornado con un vajra cruzado. Cada cabeza está adornada con cinco calaveras secas. La cabeza central, adornada con una luna creciente, ladea ligeramente hacia la izquierda, mi rostro amaga una sonrisa a la vez que cuatro colmillos dentellean.

Adopto los tres modales físicos de ser sensual, audaz y repulsivo, los tres modales verbales de ser risueño, potente y aterrador; y los tres modales mentales de ser compasivo, radiante y pacífico.

En síntesis, poseo nueve modales, una piel de tigre como vestimenta en mi parte baja, llevo un rosario de cincuenta cabezas humanas ensartadas por un intestino humano, voy adornado con seis mudras y llevo el cuerpo untado de ceniza de hueso humano.

Cara a cara con el Conquistador Chakrasamvara está la Conquistadora Vajravarahi, su cuerpo es rojo, con una cara y dos manos, con la izquierda abraza al Padre alrededor de su cuello, alzando el recipiente lleno de sangre de los cuatro tipos de maras y ofreciéndola a su cara (posterior).

En su mano derecha sostiene un cuchillo curvo con un mudra aterrador que ahuyenta a todas las fuerzas demoníacas de las diez direcciones. Sus tres ojos son rojos y arden como el fuego. Sus dos pantorrillas están firmemente agarradas a los muslos del Padre. Ella es el gran gozo por naturaleza y va adornada con cinco mudras, cinco cabezas humanas secas como ornamento de la coronilla y cincuenta calaveras secas como collar extenso.

En el loto, sobre el pétalo Este se encuentra la negra Dakini, en el Norte la verde Lama, en el Oeste la roja Kandarohi, y en el sur Rupini amarilla. Todas ellas con una cara y cuatro brazos. Las dos manos derechas sostienen un cuchillo curvo y un damaru y las dos manos izquierdas sostienen kapala y kathanga. Están desnudas, con la diadema de cinco calaveras y su pelo cuelga sin enredo alguno. Llevan un collar de cincuenta calaveras humanas y están adornadas con cinco mudras. Tienen su pierna derecha estirada.

En cada pétalo de las cuatro direcciones subcardinales hay un recipiente de néctar sobre el cual hay un kapala repleto con las bodhichitas.

Bendecir los cuatro chakras
Sobre el disco lunar en el ombligo y corazón del Padre y en el de la garganta y frente de la Madre, están el mantra esencia y el mantra próximo a la esencia de la Madre.

En el disco solar en el ombligo y corazón de la Madre y en la garganta y frente del Padre, están el mantra esencia y el próximo a la esencia del Padre.

Los mantras son de color rojo y están situados uno frente al otro. Piensa que los rayos de luz que salen de ambos mantras se interconectan.

Bendecir los lugares secretos del Padre y la Madre

De *hum* en el lugar secreto del Padre aparece un vajra blanco de cinco puntas. De la letra *baya* aparece una joya (pene) marcada con un vajra amarillo.

De *ah* roja en el lugar secreto de la Madre aparece un loto (vagina) de tres pétalos. De la letra *daya* aparece un estambre blanco con la marca de una *daya* amarilla en su centro.

Om ah hum

Se abrazan y los cuatro tipos de deleite son inducidos de forma progresiva. La mezcla inseparable de gozo y vacuidad nacidos espontáneamente es de la naturaleza de los treinta y siete aspectos de la Iluminación y en apariencia son las cinco deidades en el espacio como un arco iris.

Poner la armadura

Sobre la luna en el corazón están en blanco *om ah*, naturaleza de Vajrasatva. Sobre el sol en la cabeza están en amarillo *nama hi*, naturaleza de Vairochana. Sobre el sol en la coronilla están en rojo *soha ho*, naturaleza de Padmashora. Sobre el sol en los hombros están en negro *bokhet he*, naturaleza del glorioso Heruka. Sobre el sol en los dos ojos están en color naranja *hum hum ho*, naturaleza de Vajrasurya. Sobre el sol en la frente están en verde *phet hum*, naturaleza de Hayagriva.

Sobre el sol en el ombligo de la Dama principal están en rojo *om bam*, naturaleza de Vajravarahi. Sobre el sol en el corazón están en azul *ham yom*, naturaleza de Yamani. Sobre la luna en la garganta están en blanco *hrim mom*, naturaleza de Mohani. Sobre el sol en la cabeza están en amarillo *hrim hrim*, naturaleza de Sachalani. Sobre el sol en la coronilla están en verde *hum hum*, naturaleza de Samtrasani. Sobre el sol en la frente están en color ahumado *phet phet*, naturaleza de Chandika.

Forma breve de poner la armadura

Las dos deidades están marcadas sobre la luna en la coronilla con *om* blanca, sobre el loto de la garganta con *ah* en rojo y sobre el sol del corazón con *hum* azul.

Invocar a los seres de sabiduría

Phem

Rayos de luz salen de la letra *hum* en el corazón invitando a los seres de sabiduría, deidades de iniciación y diosas de ofrecimiento. Los rayos de luz finalmente regresan a mi corazón.

Om kandarohi hum hum phet

(El mantra disipa los obstáculos inducidos al invitar a los seres de sabiduría)

Om argham pratitza ah hum

Dza hum bam ho

(Nos volvemos no duales)

Om yoga shudha sarwa dharma yoga shudho ham

Conceder la iniciación

Om argham pratitza ah hum

"Oh, vosotros todos los Tathagatas, por favor concededme la iniciación.

(Suplicado de este modo)

Om sarwa tathagata abikekata samaya shiye hum

Diciendo esto, conceden la iniciación con lo que la coronilla de la deidad principal está adornada con Vajrasatva. Vajravarahi está adornada con Akshobya, y la diosa Dakini junto con las tres restantes, están adornadas con Ratnasambhava. Finalmente, las deidades de iniciación se disuelven en mí.

Ofrecimientos externos

Om sarwa tathagata argham pratitza soha
Om sarwa tathagata padyam pratitza soha
Om vajra pupe ah hum soha
Om vajra dhupe ah hum soha
Om vajra diwe ah hum soha
Om vajra gandhe ah hum soha
Om vajra newide ah hum soha
Om vajra shapta ah hum soha

Ofrecimientos internos

A la boca de mi glorioso, sagrado y enormemente bondadoso lama raíz y a la de los gloriosos y sagrados lamas del linaje

Om ah hum

Om hri ha ha hum phet

Om sarwa buda dakiniye vajra varnaniye hum hum phet
om ah hum

Om dakiniye hum hum phet om ah hum
Om lame hum hum phet om ah hum
Om kandarohi hum hum phet om ah hum
Om rupini hum hum phet om ah hum

A las bocas de la comitiva celestial de la deidad meditacional
om ah hum.
A las bocas de todos los guardianes poderosos y a la de los
protectores del Dharma om ah hum.
A las bocas de los héroes, heroínas, guardianes direccionales,
guardianes locales, nagas y demás om ah hum.
A las bocas de los poseedores de los territorios, en los
que moráis permanentemente y a la de todos los seres
conscientes transformados en la deidad om ah hum.

Ofrecimiento secreto y de la talidad

El Padre y la Madre entran en el abrazo y generan los cuatro
deleites del gozo que nace simultáneamente y se deleitan
con el ofrecimiento de la talidad.

Ofrecimiento de los mantras

Om shri vajra he he ru ru kam hum hum phet dakini dzala
shamvaram soha
Om vajra berotzaniye hum hum phet soha
Om dakiniye hum hum phet
Om lame hum hum phet
Om kandarohi hum hum phet
Om rupiniye hum hum phet

Las ocho líneas de alabanza al Padre

Om namo bhagawati wire shaya *hum hum phet*
Om maha kalwa agni samni bhaya *hum hum phet*
Om zata mugutra kortaya *hum hum phet*
Om damta katra lotra bikhana mukhaya *hum hum phet*
Om sahara bhunza bhasuraya hum hum phet
Om para shuwa shodhada shula kathanga dharini *hum hum phet*
Om bhaga zinam wara daraya *hum hum phet*
Om maha dhuma andha kara wawukaya *hum hum phet*

Las ocho líneas de alabanza a la Madre

Om namo bhagawati vajra varahi bam *hum hum phet*
Om namo arya aparadzite tre lokya mati vidye shöri
hum hum phet
Om nama sarwa buta bhaya awahi maha vajre
hum hum phet
Om namo vajra sani adzite aparadzite washam karinitra
hum hum phet
Om namo bhramani shokani rokani krote karelini
hum hum phet
Om nama drasani marani prabhe dani paradzaye
hum hum phet
Om namo bidzaye dazmbhani tambhani mohani
hum hum phet
Om namo vajra varahi maha yoguini kame shöri khage
hum hum phet

Alabanza

Al glorioso Heruka, el gran héroe y señor de tu vajra puro, a Vajravarahi y aquellos poderosos héroes y heroínas de los lugares, campos, lugares de encuentro, tierras sepulcrales y sitios vecinales, yo me postro.

(En este punto contempla principalmente el yoga del profundo y extenso estado de generación burdo y sutil, cuando te canses, recita el mantra)

Recitación de los mantras

Que mi rosario se transforme en la palabra vajra.

La letra hum sobre el cojín solar en el corazón de cada deidad, está rodeada en sentido inverso a las agujas del reloj por el mantra a recitar.

De la hum, en el centro del mandala emanan un séquito de deidades del mandala, cumpliendo así el propósito de los seres migratorios. De nuevo, regresan y se disuelven en la letra hum que se vuelve el materializador de las actividades de emanación y disolución.

El mantra esencia del Padre
Om shri vajra he he ru ru kam hum hum phet dakini dzala shamvaram soha.

El mantra próximo a la esencia del Padre
Om hrih ha ha hum hum phet

El mantra esencia de la madre
Om vajra berotzaniye hum hum phet soha

El mantra próximo a la esencia de la Madre
Om sarwa buda dakiniye vajra varnaniye hum hum phet soha

Los mantras de la armadura del Padre
Om om hum hum phet; om nama hi hum hum phet; om soha hu hum hum phet; om bokhet he hum hum phet; om hum hum ho hum hum phet; om phet han hum hum phet

Los mantras de la armadura de la Madre

Om om bam hum hum phet; om ham yom hum hum phet; om hrim mom hum hum phet; om hrim hrim hum hum phet; om hum hum hum hum phet; om phet phet hum hum phet

Los mantras de las cuatro diosas
Om dakiniye hum hum phet
Om lame hum hum phet
Om kandarohi hum hum phet
Om rupiniye hum hum phet

(Al terminar recita una vez el mantra de cien sílabas de Heruka Vajrasatva.)

(Si haces retiro y deseas hacer el ofrecimiento de torma, hazlo en este punto.)

Bendición de los ofrecimientos y tormas para las deidades mundanas y supramundanas

Bendición de los ofrecimientos externos

Om kandarohi hum hum phet
Om sobhawa shuddha sarwa dharma sobhawa shuddho ham
Todo se disuelve en la vacuidad.

Desde el estado de la vacuidad, de *kam* aparecen ocho amplios y espaciosos cráneos. Dentro de cada cráneo aparece una sílaba *hum*. Estas se transforman en agua para beber, agua para los pies, flores, incienso, luz, perfume, comida y música. Su naturaleza es gozo y vacuidad, su forma es cada uno de los ofrecimientos, y su función es producir el gozo inmaculado extraordinario cuando son experimentados por los seis sentidos.

Om ahrgham ah hum
Om padyam ah hum
Om vajra pupe ah hum
Om vajra dhupe ah hum
Om vajra diwe ah hum
Om vajra gandhe ah hum
Om vajra newide ah hum
Om vajra shapta ah hum

(Los ofrecimientos son bendecidos)

(Ahora bendice la torma como ofrecimiento interno)

Ha ho hrih X3
Los rayos de luz de *ha* roja sobre la base de los logros, los rayos de luz de *ho* blanca debajo de la base de los logros y los rayos de luz de *hrih* azul en el centro de la base, eliminan todas las faltas de color, olor, sabor y poder de las respectivas sustancias, transformándolas en néctar.
Om ah hum X3

Phem

Rayos de luz de *hum* en el corazón invitan, en el espacio frente a ti, al mandala de las cinco deidades de Heruka y a su comitiva de guardianes direccionales, guardianes locales y nagas con su séquito y que moran en los ocho campos sepulcrales.

(De la hum en la lengua de las deidades surge un vajra de tres puntas a través del cual ingieren la esencia de las tormas extrayéndola mediante tubitos de luz del grosor de un grano de cebada.)

Om vajra ah ra li ho dza hum bam ho vajra dakini samaya tom trishaya hum X3

(Con la primera recitación, ofreces la torma al Padre principal, después a la Madre, y con la tercera a las cuatro dakinis, empezando desde el este y ofreciendo en dirección levógira).

Ofrecimientos externos

> **Om sarwa tathagata ahrgham pratitza soha**
> **Om padyam pratitza soha**
> **Om vajra pupe pratitza soha**
> **Om vajra dhupe pratitza soha**
> **Om vajra diwe pratitza soha**
> **Om vajra gandhe pratitza soha**
> **Om vajra newide pratitza soha**
> **Om vajra shapta pratitza soha**

Ofrecimientos internos

Om sarwa tathagata om ah hum

Alabanzas en ocho líneas al padre

Om me postro al Bhagawan, señor de los héroes *hum hum phet*

Om a ti cuyos rayos de luz se igualan al fuego que acaba con los grandes eones, *hum hum phet*

Om a ti qu tienes un moño indeteriorable en tu coronilla *hum hum phet*

Om a ti de colmillos desnudos y rostro iracundo *hum hum phet*

Om a ti con mil manos flameantes de luz *hum hum phet*

Om a ti que llevas un hacha, un lazo, un tridente y un kathanga *hum hum phet*

Om a ti que que llevas vestimentas de piel de tigre *hum hum phet*

Om a ti me postro cuyo cuerpo de color ahumado disipa todas las obstrucciones *hum hum phet*

Alabanzas en ocho líneas a la Madre

Om me postro ante la Madre Bendita, Vajravarahi *hum hum phet*
Om me postro ante la Dama, Reina del Conocimiento, invencible en los tres reinos *hum hum phet*
Om me postro ante la que destruye todo miedo de espíritus malignos con su gran vajra *hum hum phet*
Om me postro ante la que es el asiento vajra, la invencible con ojos que derrotan *hum hum phet*
Om me postro ante la que diseca a Brahma con la furia de su forma iracunda *hum hum phet*
Om me postro ante la Victoriosa que aterrorizas y destruyes a los demonios *hum hum phet*
Om me postro ante la que vence a lo que nos ofusca, empecina y confunde *hum hum phet*
Om me postro ante Vajravarahi, la gran yoguini, suprema consorte que controla el deseo *hum hum phet*

Súplica para la consecución de un deseo

Tú, que has destruido por igual las concepciones del apego a la existencia cíclica y al Nirvana.
Estás dotado con la percepción de todos los fenómenos parecida al espacio.
Oh protector, humedece mi continuo mi continuo mental con el agua de tu gran compasión.
Que todas las diosas cuiden de mi con gran compasión.

Ofrecer la torma a los dakas y dakinis mundanas

Los guardianes direccionales, guardianes locales, nagas y restantes seres de los ocho campos sepulcrales, se convierten instantáneamente en luz, de la que aparece Heruka Chakrasamvara con consorte. De hum en sus lenguas surge un vajra de tres puntas, a través del que toman la esencia de la torma, atrayéndola mediante una pajita de luz del grosor de una semilla de cebada.

Om kha kha, kha hi kha hi, sarwa yakya rakyasa, bhuta, treta, pishata, unata, apamara, vajra daka daki nadaya imam baling grihantu, samaya rakyantu, mama sarwa siddhi metra yatzantu, yatipam, yatetam, bhudzata, piwata, dzitrata mati tramata, mama sarwa kataya, sadsukham bishudhaye, sahayeka bhawantu, hum hum phat phat soha *(2x)*

Ofrecimientos externos

Om ahrgham pratitza soha
Om padyam pratitza soha
Om vajra pupe ah hum soha
Om vajra dhupe ah hum soha
Om vajra diwe ah hum soha
Om vajra gandhe ah hum soha
Om vajra newide ah hum soha
Om vajra shapta ah hum soha

Ofrecimiento interno

A las bocas de los guardianes direccionales, regionales, nagas y demás *om ah hum.*

Súplicas

Para proteger el Dharma y ayudar a los seres que migran, los grandes cumplidores de promesas y compromisos, que jurasteis salvaguardar el Dharma y beneficiar a los seres que transmigran, con vuestra forma iracunda y aterradora, destruís los seres malignos y fuerzas negativas, tan veloces como se mueve la mente.

Me postro ante vosotros, que otorgáis el fruto de la práctica del yoga, que estáis en posesión de fuerza, poder y bendiciones increíbles. Me postro ante los ocho ejércitos que causan daño y demás, y suplico a vuestras esposas, hijos y sirvientes que me concedáis la amabilidad de obtener todos los logros.

Om vajra mu

Que los seres mundanos puedan volver a sus moradas naturales

Om yoga shudha sarwa dharma yoga shudo ham

Que la rueda del mandala se disuelva en mí.

Ofrecimiento externo breve

Om ahrgham pratitza soha
Om padyam pratitza soha
Om vajra pupe ah hum soha
Om vajra dhupe ah hum soha
Om vajra diwe ah hum soha
Om vajra gandhe ah hum soha
Om vajra newide ah hum soha
Om vajra shapta ah hum soha

Ofrecimiento interno breve

Om sarwa tathagata om ah hum

Alabanza

La Suprema y excelsa deidad Heruka,
la Suprema Dama compasiva hacia todos los seres conscientes como una madre. Los poderosos héroes y heroínas. A vuestros pies de loto me postro.
Súplica a las deidades supramundanas para que colmen los deseos

Oh séquito de deidades del Glorioso Heruka Chakrasamvara, bendice por favor a todos los seres conscientes y a mí mismo para que pacifiquemos todos los aspectos desfavorables, obstáculos y circunstancias adversas. Que obtengamos todas las condiciones favorables deseadas

Pedir la actividad iluminada de los dioses mundanos

Oh guardianes direccionales, guardianes locales y demás.
Por favor aceptad este ofrecimiento de torma y otorgad
cualquier logro que yo, el yogui y mi séquito, deseemos

Proceso de disolución

Rayos de luz de *hum* en mi corazón disuelven la mansión
celestial en el séquito. El séquito se disuelve en los cuatro
rostros. Yo, Chakrasamvara con mi consorte me disuelvo
en *hum* en mi corazón, *hum* se transforma y aparezco como
Heruka con las letras *om ah hum* señalando los tres lugares.

Dedicación

Glorioso Heruka, tu cuerpo con el deseo controlado,
Alumbra los tres reinos con miles de rayos de luz azul, que
brillan como mil soles. Que la multitud de seres con deseo
en las partes de tu cuerpo, dancen simultáneamente.

A través de la verdad de las diosas válidas, con compromisos
puros y sus inequívocas explicaciones válidas que han
enseñado, puedan ellas siempre cuidar de nosotros.

Pueda yo mismo convertirme en Heruka para beneficio
de todos los seres conscientes. Y pueda entonces dirigir a
todos al estado supremo de Heruka.

Versos auspiciosos

Que haya bienestar durante el día, por la noche, así como
al mediodía. Que las tres joyas otorguen auspiciosidad
para tener bienestar día y noche

Colofón de la sadhana

(Incluso después de las sesiones, libera tus tres puertas de las apariencias y concepciones ordinarias y esfuérzate en los yogas del comer, lavarse, dormir y en la disciplina ética de la conducta y con ello haz el precioso cuerpo humano, con libertades y dones, significativo.)

El océano de las enseñanzas secretas de Lama Manyushri, mantenidas por Lobsang Choky Gyaltsen, cuando es batido por la cuchara de su incomparable realización experiencial produce la nata de la excelente exposición inmaculada.

Para iluminar este método de yoga, he compuesto este recipiente de versos esenciales, "Lámpara que enciende el sendero supremo hacia el gran gozo", al llenar un recipiente arde con el fuego de su propio contenido.

La luz de la virtud que se obtiene en ella enciende los tres reinos con la sabiduría del gran gozo y disipa la oscuridad del aferramiento a la identidad esencial. Pueda yo tener la fortuna de ver los rostros naturales de los tres kayas.

La sadhana compuesta por Panchen Lama, Lobsang Choky Gyaltsen de nombre "Fuente del Gran Gozo" es esencial para los practicantes de la actual generación con facultades extremadamente agudas. Sin embargo, hay practicantes torpes que tienen dificultades para seguir dicha sadhana, en consecuencia, exhortado por mi fuerte deseo de beneficiarles, yo, un monje llamado Yangchen Drupe Dordge he compuesto esta corta sadhana de las cinco deidades de Heruka llamada "Lámpara que enciende el gran gozo", siguiendo las intenciones del omnisciente Dharmabhadra Pal Sangpo.

www.ingramcontent.com/pod-product-compliance
Lightning Source LLC
Chambersburg PA
CBHW071150130726

47998CB00002B/464